汉语国际教育中国传统文化系列教材

CHINESE INTERNATIONAL EDUCATION TEACHING MATERIALS SERIES OF CHINESE TRADITIONAL CULTURE

游学沈阳

FIELDTRIP IN SHENYANG

高蕾 著

中国水利水电出版社
www.waterpub.com.cn

内 容 提 要

本书是为准中级汉语水平的各国留学生精心设计的了解沈阳及其周边地区的"旅游指南",主要介绍了沈阳的自然、乐舞、服装、历史、建筑、宗教、文化、语言、交通、饮食、娱乐、工业、教育、社会发展等情况。同时考虑到留学生的汉语水平和实际应用需要,书中还增加了不少汉语学习的内容,能够为外国留学生了解沈阳、游览沈阳或在沈阳生活和学习提供便利。

图书在版编目(CIP)数据

游学沈阳 / 高蕾著. -- 北京 : 中国水利水电出版
社,2015.6(2022.10重印)
ISBN 978-7-5170-3301-1

Ⅰ.①游… Ⅱ.①高… Ⅲ.①汉语-对外汉语教学-
语言读物②旅游指南-沈阳市 Ⅳ.①H195.5
②K928.931.1

中国版本图书馆CIP数据核字(2015)第140976号

策划编辑:杨庆川　责任编辑:陈　洁　封面设计:马静静

书　　名	游学沈阳
作　　者	高　蕾　著
出版发行	中国水利水电出版社
	(北京市海淀区玉渊潭南路1号D座 100038)
	网址:www.waterpub.com.cn
	E-mail:mchannel@263.net(万水)
	sales@mwr.gov.cn
	电话:(010)68545888(营销中心)、82562819(万水)
经　　售	北京科水图书销售有限公司
	电话:(010)63202643、68545874
	全国各地新华书店和相关出版物销售网点
排　　版	北京厚诚则铭印刷科技有限公司
印　　刷	三河市人民印务有限公司
规　　格	184mm×260mm　16开本　12印张　292千字
版　　次	2015年11月第1版　2022年10月第2次印刷
印　　数	2001-3001册
定　　价	68.00元

序

　　为满足汉语国际教育的需要，沈阳大学国际教育交流中心组织有留学生教育教学经验的教师编写了《中国传统文化系列教材》，由中国水利水电出版社出版的《游学沈阳》是本套系列教材之一。该系列教材既是中国传统文化教育研究所的研究成果，也是国际教育交流中心汉语国际教育教学实践的结晶。它浓缩了留学生喜闻乐见的、对世界文化产生一定影响的、最富有独特内涵的、最具有代表性的中国传统文化精髓，并将辽沈文化特色有机地融入其中，点面结合，图文并茂，简明易懂，集趣味性、可读性、启发性和知识性于一体，为学习者直观地再现了中华文化的璀璨。对于国际学生而言，在有限的来华留学时光里选一套适用、实用的教材，读一本引人入胜的教程，品一杯香茗，于无声处或漫步在书香校园，或游走于异域文化之间，在静谧的读书中学汉语、赏文化，在方寸之间触摸中华文化、了解中国国粹、感受华夏文明——这既是快意的留学生活方式，也是我们编写本套教材的初衷，望有所裨益。

王晓初

沈阳大学副校长　教授

前　言

　　所谓"游学"就是学习与旅游兼而得之的一种求学方式。自古以来,我们的先祖就把"行万里路"和"读万卷书"相提并论。如今各国留学生无论是长期学习还是短期研修,几乎无一例外地投身到了旅游者的行列之中。旅游成了这些留学生来华学习和生活不可缺少的一个内容。

　　学习与习得第二语言的过程也是学习和习得这种语言文化即第二文化的过程。留学生们在旅游中学习汉语的同时也是习得旅游文化,了解中国传统文化的过程。而沈阳的地域文化具有多元化的特点,独特的人文特征和风土习俗,为学生了解中国文化及中国的语言文字提供了依托,为语言与文化教学的关系研究拓宽了视野,是对汉语课堂教学的有效补充。

　　本书以结构、功能、文化三者结合为编写原则;以中级汉语水平的各国学习者为主要对象;以满足汉语旅行者的实际需要为编写目的;以旅游交际任务为编写主线,内容涵盖了在沈阳的衣食住行、购物娱乐,还有宗教、历史、文化、教育等方面的内容。每课后面的"旅游信息(文化)小贴士"和"旅游口语小贴士"可以增加外国留学生对沈阳的了解,为留学生的生活、学习和旅游提供方便。本书还为使用者精心设计了沈阳及周边地区的"旅游指南"。文章中的句子及其语境设计均来自对留学生旅游需求的访谈和调查,具有很强的普遍性和实用性。

　　在从事对外汉语教学的实践中,许多教师都深深地体会到留学生阅读材料词汇的合理甄选和使用是非常值得重视的一个问题。在编写过程中尽量避免主观性和随意性,阅读材料中词汇的取舍标准应建立在科学统计的基础上。根据《汉语水平词汇与汉字等级大纲》的统计,对外汉语基础阶段的词汇量应该以 3000 为界限。但是,一本理想的旅游汉语书的基本词汇应该能够直接地反映出不同于一般汉语类书籍的特征,在旅游汉语词汇使用频率统计资料缺乏的情况下,本书在词汇选择方面或有考虑不周之处。笔者真诚地盼望读者提出批评和建议。

作　者

2015 年 3 月

目　录

一朝发祥地　两代帝王城

 会话

王老师：你们在沈阳生活好几个月了，感觉怎么样？

朴敏智：沈阳是一个很繁华的城市，在这里生活非常方便。昨天我坐地铁，只用了十五分钟就从北陵到了中街。

王老师：是啊，周末你们可以坐地铁到处游览一下。

索菲亚：我们已经游览过很多地方了。比如中山广场、五里河公园、奥体中心，这些地方给我们的印象很深刻。

朴敏智：我拍了很多张照片，打算给我妈妈寄去，让她也感受一下沈阳的魅力。

索菲亚：听说沈阳有"一朝发祥地，两代帝王城"的称号。这句话是什么意思？

王老师：因为清朝在这里兴起，沈阳是当时的首都，叫盛京。沈阳故宫是当时的皇宫，清朝的两位皇帝努尔哈赤和皇太极的陵墓都在沈阳，也就是福陵和昭陵。

朴敏智：我们去过福陵，那里有"一百零八磴"。听说如果有人走过这"一百零八磴"，就会一生平安。

王老师：关于"一百零八磴"，有一种说法认为人生有一百零八种烦恼。如果走过"一百零八磴"，烦恼就会消失，所以在有烦恼的时候，很多人都会去走一走这"一百零八磴"。

朴敏智：哦，原来还有这种说法，怪不得我们最近每天都很开心！

索菲亚：王老师，努尔哈赤姓努，皇太极姓皇吗？

王老师：当然不是。他们姓爱新觉罗，这是满族人的姓氏，努力哈赤和皇太极都是满族人。现在沈阳的满族人也很多。满族的风俗习惯影响着沈阳人现在的生活。

朴敏智：老师，满族有什么特别的风俗习惯吗？

王老师：比如说满族人不吃狗肉，不戴狗皮帽。听说一只黄狗以前救过努尔哈赤，努尔哈赤发誓一定要报答它。

索菲亚：我对这些风俗很感兴趣，听了你的介绍，我更想了解沈阳和满族文化了。

王老师：你们对沈阳这么感兴趣，明天我们去故宫玩，怎么样？

朴敏智、索菲亚：太好了。那我们赶快准备一下吧。

东陵·一百零八磴

词语

1	繁华	fánhuá	A	flourishing
2	方便	fāngbiàn	A	convenient
3	游览	yóulǎn	V	to go sight—seeing, to tour
4	印象	yìnxiàng	N	impression
5	深刻	shēnkè	A	deep, profound
6	打算	dǎsuan	V	to plan, to intend
7	感受	gǎnshòu	V	to be affected by
8	魅力	mèilì	N	glamour, charm
9	听说	tīngshuō	V	to be told
10	兴起	xīngqǐ	V	to rise
11	陵墓	língmù	N	mausoleum, tomb
12	关于	guānyú	Prep	about, with regard to
13	磴	dèng	N	stone steps
14	说法	shuōfǎ	N	wording
15	原来	yuánlái	Adv	turn out to be
16	怪不得	guàibude	Adv	no wonder, so that's why
17	风俗	fēngsú	N	social custom
18	影响	yǐngxiǎng	V	to influence, to affect, impact
19	发誓	fāshì	V	to swear
20	报答	bàodá	V	to repay
21	更	gèng	Adv	more, further
22	赶快	gǎnkuài	Adv	quickly
23	准备	zhǔnbèi	V	to prepare, to get ready

 **专有名词**

1	中山广场	Zhōngshān Guǎngchǎng	Zhongshan Square
2	五里河公园	Wǔlǐhé Gōngyuán	Wulihe Park
3	奥体中心	Àotǐ Zhōngxīn	The Olympic Sports Center
4	清朝	Qīngcháo	Qing Dynasty(1616—1911)
5	沈阳故宫	Shěnyáng Gùgōng	Shenyang Palace Museum
6	努尔哈赤	Nǔ'ěrhāchì	an emperor of the Qing Dynasty
7	皇太极	Huángtàijí	an emperor of the Qing Dynasty
8	昭陵	Zhāolíng	Zhaoling Mausoleum
9	福陵	Fúlíng	Fuling Mausoleum
10	满族	Mǎnzú	The Man ethnic group

重点词语与句式

1. 你们在沈阳生活好几个月了,感觉怎么样?

"好",副词,强调多或久。用在数量词、时间词或形容词"多、久"前面,也可以放在数词"一、几"前面。例如:

1)她今年生日收到好多礼物。

2)我等了他好久,他才来。

3)这雨下了好一阵子了,该停了。

2. 周末你们可以坐地铁到处游览一下。

"一下"用在动词或形容词后面,表示动作经历或状态持续的时间很短。口语中常儿化。例如:

1)大家去宿舍休息一下(儿)。

2)这个问题我会考虑一下(儿)再回答你。

3)我们紧张好几天了,今天放松一下(儿)吧。

3. 我们已经游览过很多景点了。

"动词+过"表示曾经发生某事或者曾经经历某事。例如:

1)我吃过这种食物,只是不知道怎么做。

2)你看过的书,有很多我都没看过。

3）我学过法语，可以听懂一点儿。

4. 听说沈阳有"一朝发祥地，两代帝王城"的称号。

"听说"意思是听别人说，作插入语。可放在句首，也可放在句中。例如：

1）听说他已经回国了。

2）展览会听说已经结束了。

5. 听说如果有人走过这"一百零八磴"就会一生平安。

"如果"用于前一分句提出假设，后一分句根据前面的假设，得出结论或提出问题。后一分句常有"那、那么、就、便"等呼应。例如：

1）如果明天不下雪，那我们就去爬山。

2）如果他不同意，我们怎么办？

3）如果河水不受到污染，鱼儿便不会大量死亡。

6. 关于"一百零八磴"，有一种说法认为人生有一百零八种烦恼。

"关于"介绍与行为、动作有关系的人或事物。例如：

1）关于这个问题，我们以后再说。

2）我正在看一个关于环保的电影。

3）关于中国的历史，我了解得很少。

比较"关于"和"对于"

同："关于"和"对于"都可加上宾语，构成介宾短语，引出对象。例如：

关于（对于）这个问题，我们再讨论一下。

不同：

	关于	对于
语义	动作涉及的事物，强调范围。 最近，我看了一些关于中国文化的书。	动作指向的对象 对于她的情况，我们不是十分清楚。
用法	可做状语，用于主语前。 关于中医，我知道得很少。 可做定语，用于名词前。 我想买几本关于中国文化的书。	可做状语，用于主语前后均可。 对于中医，我们很感兴趣。 我们对于中医很感兴趣。
作标题	可单独作为文章标题。 《关于留学》	不可单独作标题，需加名词。 《对于留学的几点建议》

7. 哦.原来还有这种说法,怪不得我们最近每天都很开心!

"原来"表示发现以前不知道的情况,含有终于明白了某件事的意思。例如:

1)原来他生病了,难怪他这几天没来上课。

2)我还以为他回国了,原来是去拍电视剧了。

3)我们以为他不喜欢吃中国菜,原来是因为他不会用筷子,所以没吃什么。

8. 满族的风俗习惯影响着沈阳人现在的生活。

"着"用于动词、形容词后,表示状态的持续。后面不能跟"正、在、正在",用在句尾可以加"呢"。例如:

1)快吃吧,饭菜还热着呢。

2)已经十二点了,爸爸书房的灯还亮着呢,我知道他还在工作。

3)他戴着一顶灰色的帽子。

 练习

一、用所给词语回答下列问题

1."动词+过"

(1)你以前_____自行车吗?

(2)你来中国以前_____汉语吗?

(3)你以前_____这种化妆品吗?质量怎么样?

2."动词+一下"

(1)你的房间太乱了,赶快_____。

(2)这条裙子太漂亮了,我可以_____?

(3)一会儿开会,我们来_____这个问题。

3."动词/形容词+着"

(1)请描述一下你身边的人。

(2)请描述一下你所处的环境。

二、根据拼音写汉字

1. 沈阳是一个很 fánhuá(   )的城市,在这里生活非常方便。

2. 如果明天你有时间,能不能带我到处 yóulǎn(   )一下。

3. Guānyú（　　　　　）这件事，我们一起讨论一下。

4. 这本书 yǐngxiǎng（　　　　　）了我的一生。

5. 他们马上就要来了，gǎnkuài（　　　　　）收拾一下。

三、根据对话内容选择正确答案

1. "一朝发祥地，两代帝王城"是指哪座城市？（　　　　　）

   A. 上海   B. 北京   C. 沈阳

2. "昭陵"是哪位皇帝的陵墓？（　　　　　）

   A. 努尔哈赤   B. 皇太极   C. 秦始皇

3. 满族人不吃（　　　　　）。

   A. 狗肉   B. 猪肉   C. 牛肉

四、回答问题

1. 沈阳为什么叫"一朝发祥地，两代帝王城"？

2. "一百零八蹬"代表什么含义？

3. 满族人有什么特殊的风俗？

旅游文化扩展阅读

黄犬救罕王

   满族人不吃狗肉的习俗源于一个"黄犬救罕王"的传说。相传，明朝万历年间，一个会占卜的人说，东北将出现一个脚上有七颗星的人，这个人以后会当皇帝。于是，朝廷就命令辽东总兵李成梁去寻找这个人并把他杀掉。李成梁派人到处寻找却没有找到。

   一天晚上，李总兵洗脚的时候，他对自己的夫人骄傲地说："夫人，你看，我之所以能当上总兵，正是因为左脚心上长了这三颗大黑痣！我脚踩三星做总兵，是老天爷恩赐的。"他的夫人听了之后，不以为然地对他说："你不就左脚心上长了三颗大黑痣吗，你手下的卫队长小罕子（努尔哈赤的小名），左脚心上长了七颗红痣呢！"李总兵听到后大吃一惊，原来要捉拿的人就在他身边。于是，李总兵命令工匠们连夜做囚车（qiúchē　prison van），准备把小罕子送进京城交给皇帝。

清太祖努尔哈赤

李总兵的夫人平时很喜欢小罕子。她看到李总兵要这样处理,心里十分着急,于是就把这件事告诉了小罕子,让他赶快逃跑。小罕子听说之后,吓出了一身冷汗。他拜谢了夫人,带着他平时喂养的那条大黄狗,骑着大青马连夜逃走了。第二天早晨,李成梁一觉醒来后发现小罕子不见了,于是马上派兵去追赶。

小罕子在长白山一带跑了一夜,人困马乏。他正要下马休息的时候,忽然听到了后面的喊杀声,觉察追兵已经赶到了,于是继续骑马狂奔。但是追兵越来越近,他的大青马身中数箭,在狂奔了一段路之后,倒地死去。小罕子急忙躲藏在一滩芦苇荡(lúwěidàng reed marshes)里,追兵难以寻找,就放火烧芦苇。顿时,大火蔓延起来,小罕子被烟熏倒了。眼看火就要烧到身边了,这时跟随在他身边的那条大黄狗跑到河边,浸湿全身,然后跑回来,在小罕子的四周打滚。这样往返多次,终于把小罕子四周的草全都弄湿了。小罕子没有被火烧死,但是大黄狗却由于劳累过度,死在他的身旁。后来,当明兵来到芦苇荡搜索时,看到一群乌鸦落在小罕子的身上,明兵以为乌鸦在叼啄小罕子的尸体,于是就撤退了。等小罕子醒来时,发现身上落着乌鸦,身边躺着大黄狗,这才明白是大黄狗和乌鸦救了他。他对大黄狗发誓说:"今后子孙万代,永远不吃狗肉,不穿戴狗皮制品。"

后来小罕子打败了明王朝,当了皇帝,开创了大清王朝三百多年的历史。在满族故乡和一些满族聚居的地方,至今仍流传着有关大黄狗救罕王的故事。满族至今仍保留着不吃狗肉、不戴狗皮帽子的习俗。

根据短文内容回答问题

1. 李成梁为什么要抓脚上有七颗星的人?
2. 小罕子是谁的小名?
3. 小罕子为什么没有被火烧死?
4. 清王朝有多少年的历史?

 **文化交流**

请介绍一下你出生的城市。

参考词语与句式
影响　印象　魅力　听说　如果……就

旅游信息小贴士

赫图阿拉古城

门　　票：54 元/人

开放时间：4 月 1 日至 10 月 31 日

08：00—17：00

11 月 1 日至 3 月 31 日

08：30—17：30

地　　址：抚顺市新宾满族自治县永陵镇

交通信息：从抚顺长途客运南站(新抚区东一路 3 号)乘坐发往新宾县的汽车即可到达。

7：30—16：30,半小时一班,3.5 小时车程,票价 16 元。

建议游玩时间：3 小时

昭 陵

门　　票：36 元 /人

开放时间：3 月 23 日至 11 月 15 日　04：00—07：00 免票入园

07：00—18：00 收票入园

18：00—22：00 免票入园

11 月 16 日至次年 3 月 22 日　05：30—08：00 免票入园

08：00—17：00 收票入园

17：00—20：00 免票入园

地　　址：沈阳市皇姑区泰山路 12 号

交通信息：乘坐 136、205、210、213、217、220、227、231、242、245、265、290、393、800 路公交车、地铁二号线到"北陵公园站"下车即是。

建议游玩时间：2 小时

福 陵

门　　票：40 元/人

开放时间：08：00—17：00

地　　址：辽宁省沈阳市东陵区东陵路 210 号

交通信息：乘坐 148、168、218、385 路公交车、沈抚三号线到"东陵公园站"下车即是。

建议游玩时间：2 小时

旅游口语小贴士

Zhè gè dài biǎo shén me　　lóng 这个 代表　什么？（龙）	What does this represent? (dragon)
Zhè gè dài biǎo　jí xiáng　rú yì 这个 代表 吉祥　如意。	It represents good luck as your wish.
Zhè shì nǎ gè cháo dài de jiā jù 这 是 哪个 朝 代 的 家具？	Which dynasty was the furniture made in?
Tā shì shén me　shí hou jiàn de 它 是 什 么 时 候 建 的？	When was it built?
Suǒ yǒu gōng yì pǐn dōu shì shǒu gōng zhì zuò de ma 所有 工艺品 都 是 手 工 制作 的 吗？	Are all the crafts hand－made?

关东乐舞

——满族传统舞蹈

 会话

大　卫：已经晚上八点半了，广场上还这么热闹！

索菲亚：中国人都喜欢晚饭后到广场上运动一下儿。看他们又唱又跳，可真高兴呀。

朴敏智：他们的舞蹈动作又简单又好看，而且男女老少都会跳，这是什么舞蹈？

王老师：这是满族秧歌，也叫"扭秧歌"，是中国北方的传统舞蹈，也是满族人传统的休闲娱乐项目。由于动作简单灵活，音乐节奏明快，而且表演生动活泼，现在扭秧歌已经成为人们锻炼身体的重要活动之一。

朴敏智：除了秧歌以外，满族人还有哪些传统的休闲活动呢？

王老师：其实，满族人传统的休闲娱乐活动有很多，比如骑马、射箭、摔跤、滑冰、打珍珠球等。

大　卫：王老师，你也会扭秧歌吗？给我们露一手吧！

王老师：秧歌是一种集体舞蹈，大家一起跳才好看。要不我教教你们，这样我们就可以一起在广场上扭秧歌了。

索菲亚：我们只有四个人，谁为我们敲锣打鼓呢？

王老师：我们可以加入这些人的行列，跟大家一起跳舞。

朴敏智：秧歌的动作虽然简单，但是很特别。我觉得他们跳舞的样子有点儿像劳动。

王老师：确实如此。秧歌起源于生产劳动。当时人们种田、打猎都很辛苦，为了放松心情，缓解疲劳，人们就一边劳动一边跳起简单的舞蹈。这种舞蹈后来就发展成为秧歌，所以秧歌的动作看起来像劳动的样子。

大　卫：难怪秧歌跳起来节奏感强，而且充满力量。

王老师：也有人说秧歌是用来祈求平安、庆祝丰收的。特别是清朝，在获得胜利、祭祀农神、庆祝节日时，人们都会穿上五颜六色的衣服，边舞边走，随着锣鼓节奏跳起满族秧歌。后来秧歌逐渐成为人们日常的休闲娱乐项目，人们喜欢聚在一起扭秧歌，因为扭秧歌会让人心情舒畅。如果你们谁有烦心事，扭秧歌一定能让你愉快起来。

索菲亚：看来秧歌不只是一种舞蹈，还是良药呀。

王老师：可不是。我母亲以前身体不太好，每天都愁眉苦脸的。后来我建议她去广场扭秧歌,没过几天她看起来就像变了一个人。心情好了,身体也好了。现在她每天都在广场上和大家一起扭秧歌。

大　卫:你们看,扭秧歌的人越来越多了,我们也去试试吧。

词语

1	舞蹈	wǔdǎo	N	dance
2	热闹	rènao	A	lively, bustling with noise and excitement
3	扭秧歌	niǔ yāngge	VO	to do the yongko dance
4	传统	chuántǒng	N	tradition
5	动作	dòngzuò	N	movement, action
6	节奏	jiézòu	N	rhythm
7	表演	biǎoyǎn	V	to perform
8	活泼	huópo	A	lively, vivacious
9	锻炼	duànliàn	V	to take exercise, to have physical training
10	除了	chúle	Prep	except, besides
11	摔跤	shuāijiāo	N	wrestling
12	露一手	lòu yìshǒu	VC	to make an exhibition of one's abilities or skills, to show off
13	敲锣打鼓	qiāoluó dǎgǔ	IE	to beat drums and strike gongs
14	劳动	láodòng	V	to work
15	打猎	dǎliè	V	to go hunting
16	辛苦	xīnkǔ	A	hard, laborious, toilsome
17	缓解	huǎnjiě	V	to relieve, to relax
18	疲劳	píláo	A	tired, fatigued, weary, become fagged
19	难怪	nánguài	Adv	no wonder
20	充满	chōngmǎn	V	to be filled with
21	祈求	qíqiú	V	to impetrate
22	丰收	fēngshōu	V	to bumper harvest
23	祭祀	jìsì	V	to offer sacrifices to gods or ancestors
24	五颜六色	wǔyán liùsè	IE	multicoloured, colorful
25	逐渐	zhújiàn	Adv	little by little
26	愁眉苦脸	chóuméi kǔliǎn	IE	wear a sad face, a distressed expression

重点词语与句式

1. 看他们又唱又跳，可真高兴呀。

"又……又……"，表示几个动作、状态、情况并列存在。例如：

1)沈阳十二月的天气又干又冷。

2)这条山路又陡又滑。

3)最近她又买新衣服，又做新发型，好像有喜事。

4)周末在家，他又洗衣服，又收拾房间。

需要注意"又…又…"中间的形容词在意义上一般是同向的。一般不将意义相反的词放在一起使用，如"又高又矮""又热又冷""又快又慢"都是不正确的用法。

2. 除了秧歌以外，满族人还有哪些传统的休闲活动呢？

"除了……以外"，表示排除已知，补充其他，后面常用"还、也"。例如：

1)除了中国文学课以外，我还选修了外国文学课。

2)小王除了会打网球，乒乓球打得也很好。

3)今天的午餐除了有汉堡，还有中国饺子。

3. 给我们露一手吧！

"露一手"，表示在某一方面或某件事上显示本领。例如：

1)我正在练习这首歌，打算在毕业晚会上露一手。

2)我的拿手菜就是锅包肉，今天晚上可以露一手。

3)听说你会中国功夫，快给大家露一手。

4. 要不我教教你们。

"教教""试试"，动词重叠式，表示动作持续的时间短或进行的次数少。单音节动词重叠的形式主要有两种：

第一种，AA 式。如：看看、想想、问问、试试、敲敲等。

第二种，A — A 式。如：看一看、想一想、问一问、敲一敲等。

单音节动词重叠形式表示过去发生的事情时，一般在中间加上"了"。例如：

1)听了我的话，他点了点头，没说话。

2)他敲了一敲门，里面没人应，他就走了。

5. 人们就一边劳动一边跳起简单的舞蹈。

"一边……一边……"，副词，表示两个以上的动作同时进行。例如：

1)他一边吃饭，一边看电视。

2)老师一边说，我们一边记。

3)孩子们一边唱,一边跳。

"一边"的"一"可以省略,如边说边做、边唱边跳、边听边记。

"一边……一边"可以用于不同主语,如例2;"边"只能用于同一主语。

6. 难怪秧歌跳起来节奏感强,而且充满力量。

"难怪",副词,怪不得,表示明白了某件事的原因,不再觉得奇怪。用"难怪"的小句前或后常有说明真相的小句。例如:

1)他是新来的同学,难怪大家不认识他。

2)你们才来中国,难怪不适应中国的生活。

3)难怪教室里这么干净,他们打扫了一上午。

4)难怪他今天开会一言不发,原来是病了。

7. 秧歌逐渐成为人们日常的休闲娱乐项目。

"逐渐",副词,表示缓慢而有序地进行。例如:

1)他的病情逐渐好转了。

2)在中国学习期间,我们逐渐了解了中国文化。

3)来中国学汉语的人逐渐多了。

 练习

一、用所给词语完成句子

1. 这台电视机质量又好,价钱又便宜。(又……又)

(1)这家咖啡厅的咖啡_____。

(2)学习汉语_____。

2. 房东一边和我们聊天,一边不停地包着饺子。(一边……一边)

(1)早上为了节省时间,他总是_____。

(2)_____对身体不太好。

3. 今天上课他都在睡觉,看起来像生病了。(看起来)

(1)天阴得厉害,_____。

(2)他匆匆忙忙地走进了房间,_____。

二、根据拼音写汉字

1. 晚饭后，广场上到处都是锻炼身体的人，非常 rènao（　　　　　）。
2. 秧歌是中国北方的一种 chuántǒng（　　　　　）舞蹈。
3. 今天晚上的芭蕾舞 biǎoyǎn（　　　　　）真是太精彩了。
4. 吃了药，他的感冒 huǎnjiě（　　　　　）了很多。
5. 休息了两天后，他现在全身 chōngmǎn（　　　　　）力量。

三、根据对话内容选择正确答案

1. 关于秧歌，下列说法不正确的是（　　　　）。
A. 秧歌起源于生产劳动。
B. 秧歌是中国南方的传统舞蹈。
C. 秧歌是一种集体舞蹈。
2. 秧歌的特点是（　　　　）。
A. 节奏感强　　　　　　B. 节奏缓慢　　　　　　C. 只能一个人跳
3. "露一手"的意思是（　　　　）。
A. 举起一只手　　　　　B. 和别人握手　　　　　C. 显示本领

四、回答问题

1. 中国人为什么扭秧歌？
2. 除了秧歌，中国还有哪些传统舞蹈？
3. 你会扭秧歌吗？你的休闲娱乐活动是什么？

 旅游文化扩展阅读

酷爱运动和游戏的满族人

最初，满族人生活在中国最北部的黑龙江省。那里的气候寒冷，特别是冬季，冰天雪地、寒风刺骨；那里的地理环境也十分复杂，到处是崇山峻岭，群山密林中有许多猛兽。为了生存下去，满族人养成了"狩猎""骑射"的习惯。后来这些习惯逐渐变成了满族人独特的体育项目，并使他们成为了一个崇尚运动的民族。

布库

布库也叫撩脚(liáojiǎo),就是满语的摔跤。这种运动模仿牛、羊、鹿等有角动物相互用角顶架的情景。运动时,在地上划一个圆形的区域,参加者徒手搏斗,依靠脚力将对方压倒在地。满族人通过这种运动训练青少年的力量和运动技巧,培养年轻人的意志品质。

射箭

满族人也被称为"引弓之民"。通过射箭,满族人不仅获得了丰富的食物,而且在山林中保护了自身的安全。同时,弓箭也是满族人战场上重要的武器。满族人对射箭技术的要求很高。男性六七岁就开始射箭,他们不但要练习射击静止的目标,而且要射击移动目标。在清朝,国家有"每春习射"的规定,皇帝会亲自考查官员们的射箭技术。普通百姓家如果有男孩出生,也会在家门前挂起小弓箭。

珍珠球

珍珠球原名采珍珠,它来源于满族祖先采珍珠的生产活动。满族祖先将珍珠作为幸福的象征,青年男女很早就有采珍珠的习俗。为了庆祝丰收,他们会进行"采珍珠"这项体育活动。珍珠球可以是布口袋、彩球或银白色的皮球。比赛时,一组人努力将珍珠球投入队友的网中,一组人用"蛤蚌"(gébàng,即球拍)阻挡。

其实,满族人的传统运动项目还有很多,除了布库、射箭、珍珠球以外,还有赛马、踢毽子等。满族人不仅擅长运动,而且喜欢游戏。他们利用日常生活中的物品,创造了许多有趣的游戏项目。

抓嘎拉哈

"嘎拉哈"是满语,指猪、牛、羊后腿的膝盖骨(xīgàigǔ)。游戏时,将一个装有少量粮食或沙子的小口袋抛起,在口袋落下的同时,抓起嘎拉哈,然后再接住口袋。谁抓到的嘎啦哈最多,谁就获得胜利。

传说金代有一个青年叫金兀术,父母让他上山打猎。他克服了许多困难,最终射杀了四种猛兽,获得了四种野兽的腿骨,大家都很佩服他。为了让后代的年轻人像他一样勇敢,人们便开始让孩子玩这种抓骨头的游戏。

根据短文内容回答问题

1. 满族祖先生活在什么地方?
2. 满族人有什么特点?
3. 满族人为什么喜欢射箭?

 **文化交流**

在中国,许多传统舞蹈已经成为人们的休闲娱乐项目。人们跳舞不只是为了表演,更是为了锻炼身体。在你们国家,人们喜欢的休闲娱乐项目有哪些? 人们又是如何进行体育锻炼的?

参考词语与句式
锻炼　逐渐　一边……一边　传统　动作

 **旅游文化小贴士**

沈阳文化娱乐场所一览

场所名称	地址	图片
辽宁大剧院	沈阳市沈河区市府大路 363 号	
盛京大剧院	沈阳市沈河区沈水路 518 号	

场所名称	地址	图片
中华剧场	沈阳市和平区南京南街3号	
沈阳市文化宫	沈阳市和平区民主路72号	

 旅游口语小贴士

Zhè gè zhōu mò wǒ men qù dǎ pīng pāng qiú ba 这 个 周 末 我 们 去 打 乒 乓 球 吧。	Let's play table tennis weekend.
Wǒ jué de hù wài yùn dòng duì shēn tǐ hěn hǎo 我 觉 得 户 外 运 动 对 身 体 很 好。	I think outdoor sports are good for one's health.
Nǐ néng jiāo wǒ dǎ tài jí quán ma 你 能 教 我 打 太 极 拳 吗？	Can you teach me to play taijiquan?
Wǒ xiǎng qù kàn wǔ shù biǎo yǎn 我 想 去 看 武 术 表 演。	We would like to go to watch a Kungfu show.
Nǐ men yǒu yīng yǔ dǎo yóu ma 你 们 有 英 语 导 游 吗？	Do you have English tour guide?

旗女之袍

——满族传统服饰

 会话

大　卫：索菲亚，下个月我妈妈过生日，我想在中国买一份礼物送给她。你说买什么好？

索菲亚：你妈妈喜欢什么？

大　卫：我妈妈特别喜欢收藏不同民族的服装。每去一个新地方，她都会买几件当地的民族服装留作纪念。

索菲亚：太巧了，我也有这个爱好。

大　卫：快给我们说说你最得意的收藏吧。

索菲亚：前年去日本时，一位日本朋友送给了我一件日本和服。它的做工非常精美。

大　卫：那一定价格不菲吧。

索菲亚：是的，但那还不是最贵的。刚来中国时，我买过一件旗袍，那才叫"价值连城",足足花了四千元。

大　卫：四千元？太贵了吧。你可真是有钱人。

索菲亚：因为这件旗袍是量身定做的，所以价格要高一些。不过穿上以后非常合身，朋友们都说太美了。这样也算物有所值了。

大　卫：听你这么说，我也准备给妈妈买一件中国旗袍。可是我有个问题，为什么这种中国服装叫"旗袍"？难道这种衣服是用"旗"做的？旗袍比"旗"漂亮多了。

王老师：哈哈，大卫你的想象力真丰富。旗袍本来是满族的传统服装。当时，满族人不分男女老少都穿长袍。因为满族人也叫"旗人"，所以他们的长袍就称为"旗袍"。

大　卫：满族人的旗袍和现代旗袍有什么区别吗？

王老师：其实，传统的满族旗袍没有现代旗袍这么漂亮。你们知道，满族人生活在中国北方，以渔猎和游牧为生，是骑在马背上的民族。为了方便从事骑射、打猎等户外活动，他们习惯穿宽松，两边开衩的长袍，需要剧烈活动的时候，就可以将长袍系在腰间。所以，传统的满族旗袍都很肥大。

索菲亚：我看过一些中国的老照片，上面有穿着旗袍的中国女人。她们身上的旗袍确实很肥大。

王老师：对，到了19世纪，受西方文化的影响，中国旗袍才变得越来越时尚，样式也越来越多。旗袍也更好地展现了中国女性的魅力。

大　卫：我以前看过中国导演王家卫的电影《花样年华》，那里穿旗袍的女演员真是太美了。

索菲亚：最近，我也经常在新闻上看到中国人的国母彭妈妈穿着旗袍访问各国。她看起来总是那么端庄、大方。

大　卫：没错。我决定了，还是送妈妈一件中国旗袍，让她也感受一下东方美。

词语

1	收藏	shōucáng	V	to collect, to store up
2	服装	fúzhuāng	N	garments, apparel, clothing
3	纪念	jìniàn	V	to commemorate
4	巧	qiǎo	A	coincidental
5	得意	déyì	A	proud
6	做工	zuògōng	N	workmanship
7	精美	jīngměi	A	exquisite, elegant
8	和服	héfú	N	kimono
9	价格不菲	jiàgé bùfěi	IE	expensive
10	旗袍	qípáo	N	cheongsam, chi—pao
11	价值连城	jiàzhí liánchéng	IE	be priced at fifteen cities — very valuable, invaluable, priceless, worth a couple of towns together
12	量身定做	liàngshēn dìngzuò	IE	tailor—made
13	物有所值	wùyǒusuǒzhí	IE	price to value
14	游牧	yóumù	V	to nomadic
15	宽松	kuānsōng	A	loose and comfortable
16	开衩	kāi chà	VO	to slits extending above mid-thing
17	剧烈	jùliè	A	violent, acute
18	系	jì	V	to tie, to fasten
19	肥大	féidà	A	loose, large
20	时尚	shíshàng	N/A	vogue, fashion
21	导演	dǎoyǎn	N/V	director, to direct
22	端庄	duānzhuāng	A	dignified, demure

 **专有名词**

花样年华	Huāyàng niánhuá	In the Mood for Love is a 2000 Hong Kong film directed by Wong Kar—wai

重点词语与句式

1. 快给我们说说你最得意的收藏吧。

"吧",助词,用于句尾,表示疑问,有揣测的语气。例如:
1)你是日本人吧?
2)他对中国文化十分了解吧?
表示商量、请求的语气。例如:
3)让我们看看吧。
4)我们休息一会儿吧。

2. 不过穿上以后非常合身,朋友们都说太美了。

"不过",连词,表示转折关系。语气比"不但"轻,多用于口语。例如:
1)他身体一直不太好,不过现在好多了。
2)刚来中国时,他不太喜欢中国食物,不过现在已经习惯了。

3. 难道这种衣服是用"旗"做的?

"难道",副词,加强反问语气。一般用于动词前或主语前,句末常加"吗"或"不成"。例如:
1)你难道不知道这件事吗?
2)我们连死都不怕,难道还怕这点困难吗?
3)难道你不知道满族人是不吃狗肉的吗?
4)难道让我们看一下都不成?

4. 其实,传统的满族旗袍没有现代旗袍这么漂亮。

"其实",副词,表示所述情况是真实的。一般用于动词前或主语前。例如:
1)大家都知道和服是日本的传统服饰,其实它是由中国的汉服演变而成的。
2)你们只知道他会说汉语,其实他英语说得也挺好。
在例1和例2中,"其实"后的内容是对前文的补充。
3)这篇故事读起来很精彩,其实是抄袭别人的。

4)他的口音听起来像南方人,其实他是北方人。

在例 3 和例 4 中,"其实"后的内容与前文相反。

5. 她们身上的旗袍确实很肥大。

"确实",副词,对某种情况的真实性表示肯定。可用于句首或在句中作状语。例如:

1)他的汉语水平确实提高了很多。

2)了解中国文化确实有助于汉语学习。

3)确实,他的能力比我的强。

6. 中国旗袍才变得越来越时尚。

"越 A 越 B",表示 B 的程度随着 A 变化而变化。例如:

1)他的汉语越说越好。

2)这件衣服我越看越喜欢。

3)你越着急,他动作越慢。

4)心胸越宽广,生活越轻松。

A 与 B 的主语可以相同,如例 1 和例 2;也可以不同,如例 3 和例 4。

"越来越……",表示程度随时间而变化。例如:

5)天气越来越热了。

6)他对中国传统文化越来越感兴趣。

此时,只能使用一个主语。

练习

一、用所给词语完成句子

1. 在中国生活了三个月后,他越来越喜欢中国食物了。(越……越)

(1)汉语虽然很难,但他_____。

(2)来中国学习汉语的人_____。

2. 近几年,中国经济确实发展迅速。(确实)

(1)这件旗袍_____。

(2)这件衣服太旧了,_____。

3. 难道你什么东西也不想吃吗?(难道)

(1)中国旗袍这么漂亮,_____?

(2)他的汉语水平提高得太快了,_____?

二、根据拼音写汉字

1. 这枚戒指是为了 jìniàn（   ）他们结婚三十年。
2. 电影中,那些穿着中国旗袍的女人真是既时尚,又有 mèilì（   ）。
3. 在中国,做工精美的旗袍往往 jiàgé bùfěi（   ）。
4. 这件旗袍是为你 liàngshēn dìngzuò（   ）的。
5. 他的身体刚刚康复,不能进行 jùliè（   ）运动。

三、根据对话内容选择正确答案

1. 传统满族人（   ）。
   A. 生活在中国西北　　　　B. 喜欢唱歌　　　　C. 擅长骑马
2. 传统的满族旗袍比现代旗袍更（   ）。
   A. 漂亮　　　　　　　　　B. 宽松　　　　　　C. 时尚
3. "价值连城"的意思是（   ）。
   A. 城市很多　　　　　　　B. 物品价值很高　　C. 价格不断上涨

四、回答问题

1. 满族是一个什么样的民族?
2. 最初的满族人为什么喜欢穿旗袍?
3. 说说你眼中旗袍的特点?

旅游文化扩展阅读

黑姑娘与旗袍的传说

从前,在镜泊湖旁住着一个满族小姑娘。她从小跟着阿妈在湖边打鱼。因为每天辛苦劳动,小姑娘的脸被晒得红里透黑,所以当地人都叫她黑姑娘。黑姑娘勤劳、勇敢,心灵手巧。她不仅擅长打鱼,而且针线活也是数一数二的。

当时的满族人习惯穿肥大的长袍干活。这种长袍虽然穿起来舒服、保暖,但是在渔猎时经常被树枝刮坏,很不方便。聪明的黑姑娘就自己做了一件新长袍。这种长袍有很多纽扣,而且左右两侧开衩。劳动时,她就将长袍系在腰间;平时,她就将长袍两侧的纽扣系上。这样,长袍既合体,又实用。

有一天,皇帝做了一个梦。他梦到一位身穿美丽长袍的姑娘骑着龙,帮他治理国家。醒来以后,皇帝就派大臣在全国寻找这位梦里的姑娘。大臣左挑右选,终于在北方找到了这个人,她就是黑姑娘。

黑姑娘虽然不想离开家乡，但也没办法反抗皇帝的命令。于是，她被大臣带进了紫禁城。皇帝见到黑姑娘，觉得她虽然黑，但长得很俊俏，于是就封她为黑娘娘。

黑娘娘从小习惯了渔猎生活。她不仅不喜欢皇宫里的奢侈（shēchǐ luxury）生活，而且十分想念家乡，每天都伤心落泪。皇帝为了安慰她，经常将她家乡的人参（rénshēn panax）、鹿茸（lùróng cornu）送给她。黑娘娘知道这些东西虽然珍贵，但都是家乡人冒着生命危险获得的。于是，她劝说皇帝不再征收这些东西。家乡的百姓听说这件事后，十分感谢黑娘娘。

后来，黑娘娘发挥自己的智慧，帮助皇帝治理国家，皇帝也越来越喜欢黑娘娘。可是这却引起了其他娘娘的嫉妒，她们千方百计找机会在皇帝面前告黑娘娘的状。皇宫里的娘娘们都穿一种又肥又长的裙子，裙子上绣着国家的高山、大河与湖泊。黑娘娘觉得这种裙子又长又不方便，而且很浪费布料，于是就自己动手将这种长裙改成了自己在宫外劳动时穿的长袍。可是没想到，这件事被其他娘娘知道了，她们说黑娘娘擅自（shànzì to do something without authorization）改变皇宫里的服装是有罪的。黑娘娘却认为自己没有犯错，并且对皇帝说自己不习惯皇宫的生活，希望回到家乡，继续打渔。皇帝一听非常生气，大喊："你给我滚出宫去！"黑娘娘从进宫就没说向皇帝说过"谢谢"。可是，她一听见皇帝让她离开皇宫，立刻感谢皇帝，说了一句"谢谢皇上"。皇帝更加生气，一脚踢到了黑娘娘的心脏上。她眼前一黑，吐了一口鲜血。黑娘娘就这样死在了皇宫里。

后来，黑娘娘家乡的人知道这件事后，十分伤心。当地的妇女为了纪念黑娘娘，都穿起黑娘娘做的那种长袍。这种长袍就是我们今天的"旗袍"。凡是穿上旗袍的姑娘都变得十分苗条、漂亮。人们都说这是黑娘娘在暗中帮助这些姑娘打扮呢。

根据短文内容回答问题

1. 黑娘娘生活在什么地方？
2. 黑娘娘是一位怎么样的姑娘？
3. 为什么姑娘穿上旗袍都很漂亮？

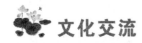 文化交流

服装代表了一个民族的文化，反映出民族的历史。每个国家、每个民族都有属于自己的服装。你的国家有哪些特色服装？这些服装有什么特点？它们又有哪些历史？

参考词语与句式
做工　越来越……　感受　魅力　其实　不过

旅游文化小贴士

满族服饰一览

旗袍	满语称"衣介",古时泛指八旗男女穿的衣袍。	
坎肩	也叫背心或马甲,为无袖上衣,衣长及腰,两侧分开,多在领子、衣襟处有花边。	
马褂	满族男子骑马时穿的一种外衣,以深色,尤其是黑色为主。	
花盆底鞋	满族妇女的"旗鞋"。鞋底中间有厚木头,用白布包上,用刺绣装饰,因鞋底平面呈马蹄形,也称"马蹄底"鞋。	

续表

靰鞡	农村普通满族人冬季穿的鞋。用牛皮或猪皮制成,内部填充靰鞡(wùla)草,既轻便,又暖和,适于冬季狩猎、跑冰。	
旗头	满族妇女的发饰,也称"大拉翅"。	
扁方	满族妇女成年的标志,多为银、铜金属所制,使用时横贯于发中。	

旅游口语小贴士

Zhè tiáo qún zi duō shǎo qián 这 条 裙子 多 少 钱?	How much is this skirt?
Tài guì le néng pián yi diǎnr ma 太 贵 了! 能 便 宜 点 儿 吗?	Too expensive! Can you sell it a little cheaper?
Yǒu qí tā yán sè de ma 有 其他 颜色 的 吗?	Do you have any other color?
Qǐng bāo zhuāng yí xià 请 包 装 一下。	Please wrap this for me.
Wǒ yào zuò yí jiàn zhōng shì shàng yī 我 要 做 一 件 中 式 上 衣。	I want to make a Chinese fashion coat.

史前再现

——新乐遗址

 会话

朴敏智：索菲亚，你在干什么？笑得这么开心。

索菲亚：我在看一部美国电影，是一部喜剧动画片，笑死了。

朴敏智：电影叫什么名字？

索菲亚：叫《石器时代》。你看过吗？如果没看过，我们一起看看，你一定会喜欢的。

朴敏智：我没看过这部电影，但是现在我要带你去看看真正的石器时代。你打算继续看电影，还是和我一起去开开眼？

索菲亚：那还用说，我当然要和你一起去。

（在沈阳新乐遗址）

索菲亚：这是什么地方？

朴敏智：这个地方叫新乐遗址，距今大约 7000 年，那时是真正的石器时代。

索菲亚：这么说 7000 年前就已经有人类居住在沈阳了？

朴敏智：没错，当时是母系社会。遗址内的草屋里

雕塑

有许多雕像。这些雕像真实地展现了新乐原始人的生活。当时他们就过着男耕女织，打鱼和狩猎的生活。你看那个男人正在仔细观察磨好的石器；在他的左侧，一个女人正在看陶碗里的食物；还有一个男人正在用力拉弓，射天上的猎物。

陶器

索菲亚：敏智，听了你的讲解，这些雕像真是栩栩如生。我甚至可以想象出他们的生活情景。

朴敏智：索菲亚，我考考你，这个陶器有什么用处？

索菲亚：它看起来像一个大花瓶。

朴敏智：大花瓶？你太有想象力了。其实，这种陶器有三条空心的腿，腿的底部有许多小孔，可以透气。当时它是用来蒸食物的锅。

索菲亚：哦，新乐人真有智慧。敏智，广场上的那些玻璃房子里有什么？

朴敏智：那些玻璃房子里完好地保存着当年文物发掘的现场。你可以清楚地看到这些文物的原始模样。

索菲亚：真是太神奇了，看到这些草屋和玻璃房子里的文物，我感觉自己回到了原始社会。

朴敏智：没错，说不定在原始社会，你是一名首领呢。

索菲亚：敏智，你看前面那个高大的金色雕像，看起来像一只鸟。

朴敏智：你说的那个雕塑叫太阳鸟。它是根据新乐人的一个木雕鸟设计出来的。那只鸟头大尾长，是传说中的神鸟。它看起来充满力量，一副要展翅高飞的样子。现在它已经成为沈阳的城市标志，人们希望这座城市像这只太阳鸟一样，可以展翅高飞。

 词语

1	远古	yuǎngǔ	N	ancient times
2	喜剧	xǐjù	N	comedy
3	动画片	dònghuàpiàn	N	cartoon
4	开眼	kāiyǎn	V	to widen one's view
5	雕像	diāoxiàng	N	statue
6	男耕女织	nángēng nǚzhī	IE	men tilling the farm and women weaving
7	仔细	zǐxì	A	careful, attentive, be careful
8	观察	guānchá	V	to observe, to watch
9	磨	mó	V	to rub, to grind

10	陶	táo	N	pottery
11	讲解	jiǎngjiě	V	to explain
12	栩栩如生	xǔxǔ rúshēng	IE	as natural as though it were living
13	透气	tòuqì	V	to ventilate
14	蒸	zhēng	V	to steam
15	玻璃	bōli	N	glass
16	完好	wánhǎo	A	intact，whole，in good condition
17	发掘	fājué	V	to excavate
18	文物	wénwù	N	cultural relic
19	模样	múyàng	N	appearance，look
20	神奇	shénqí	A	magical，mystical，miraculous
21	部落	bùluò	N	tribe
22	根据	gēnjù	V/Prep	according to
23	如同	rútóng	V	to like
24	展翅	zhǎn chì	VO	to open out the wings
25	标志	biāozhì	N/V	symbol，to symbolize

 专有名词

1	新乐遗址	Xīnlè Yízhǐ	Xinle Site
2	石器时代	Shíqì Shídài	the Stone Age
3	母系社会	Mǔxì Shèhuì	Matrilineal Society
4	原始社会	Yuánshǐ Shèhuì	Primitive Society

重点词语与句式

1. 笑得这么开心。

在汉语中,动词或形容词后经常会使用补语,起补充说明的作用。

"笑得这么开心",情态补语,多用于对动作和状态的描写、对情况的说明与评价。补语前要用"得",补语一般由动词、形容词及其短语、小句充当。例如:

1)昨天晚上他睡得很晚。

2)这篇文章写得很好。

3)他汉语说得很流利。

2. 笑死了。

"笑死了",程度补语,主要用在形容词、心理动词、感受动词后面,表示某种性状所达到的某种程度。常见的形式有:

形容词/动词+"极/坏/死/透"+"了"

例如:

1)周末的市场热闹死了。

2)听到考试通过的消息,他高兴极了。

形容词/动词+"得"+"很/慌/要命/不得了……"

例如:

3)他最近忙得很,你别去打扰他。

4)他觉得今天的咖啡甜得不得了。

3. 你打算继续看电影,还是和我一起去开开眼界?

"还是",连词,表示选择。例如:

1)你是同意还是不同意?

2)是继续学习,还是开始找工作,你要认真考虑一下。

4. 那还用说,我当然要和你一起去。

"那还用说",用反问的语气回答问话,表达对说话人所提问题、要求、建议、推测、看法的接受、认可和肯定,相当于"当然如此"的意思。例如:

1)——今天的电影太精彩了。

——那还用说,李安的电影总是这样好。

2)——他的汉语水平提高很多。

——那还用说,他特意从中国请了一名汉语教师帮助他。

表达说话人所提问题的答案显而易见,不用多说。例如:

3)——明天我要参加考试,你可以帮我复习一下吗?

——那还用说,这是我应该做的。
4)——小张怎么现在还没回来?
　——那还用说,一定去逛街了。

5. 那个男人正在仔细观察磨好的石器。

"正在",副词,表示动作在进行中或状态在持续中。例如:
1)我们正在学习做中国菜。
2)同学们正在准备出国留学的资料。
3)他们正在上课。
否定式加"不是"。例如:
4)你敲门的时候,我不是正在睡觉。
5)我们不是正在学习。

6. 我甚至可以想象出他们的生活情景。

"甚至",副词,表示强调,用于突出后面内容是可能发生的、最特别的或最极端的。
例如:
1)这个字太难写了,甚至一些中国人都不会。
2)这对姐妹长得太像了,甚至她们的父母都经常弄错。
3)这块石头太重了,甚至三四个人都搬不动。

 练习

一、用所给词语完成句子

1. 他正在超市买东西,一会儿就回来。(正在)

(1)_____,你能等我一会儿吗?
(2)_____,你最好不要给他打电话。

2. 今天的雪下得好大,有的地方甚至有一米深呢。(甚至)

(1)这篇课文太难了,_____。
(2)中国文化历史太悠久了,_____。

3. 天阴得这么厉害,看起来要下雨了。(看起来)

(1)她的外衣真不错,_____。
(2)他一句话也没说就走了,_____。

二、根据拼音写汉字

1. 中国人过年时更喜欢看 xǐjù(   )电影。
2. 学习不能有一点儿马虎，必须认真 zǐxì(   )。
3. 在新乐遗址，那些文物被 wánhǎo(   )地保存下来。
4. 国旗是一个国家的 biāozhì(   )。
5. Gēnjù(   )学校规定，学生不能在教室里吸烟。

三、根据对话内容选择正确答案

1. 新乐遗址距今有(   )。
A. 大约 7000 年   B. 7000 多年   C. 少于 7000 年
2. 新乐原始人住(   )。
A. 玻璃房子   B. 草屋   C. 宿舍
3. 电影《石器时代》不是(   )。
A. 美国电影   B. 动画片   C. 中国电影

四、回答问题

1. 你还知道中国的哪些遗址？
2. 你喜欢看哪种电影？
3. 有关新乐遗址，你知道些什么？

旅游文化扩展阅读

太阳鸟与满族祖先的传说

    1978 年，人们在新乐遗址发掘出一件特别的雕塑品。它是一只用木头雕成的鸟。这只鸟身体很大，尾巴很长，嘴巴很宽，身上的羽毛很整齐。它就是中国传说中的神鸟，叫太阳鸟。太阳鸟是新乐原始人的一个图腾(túténg totem)。新乐人将燕子(yànzi swallow)和喜鹊(xǐquè magpie)的特征结合在一起，再加上一些自己的想象，就创作出了这只太阳鸟的形象。在民间，有一个关于太阳鸟与满族祖先的传说。

    在中国东北部，有一座美丽的山叫长白山。因为山很高，山上的雪一直没有融化。山的周围还有许多小湖泊，景色十分迷人。在长白山东北有一座小山，叫布库里山，山下有一个湖叫布库里湖。山和湖美得像画一样。有一天，天上的三位仙女(xiānnǚ fairy maiden)来到布库里湖。她们看到湖水清澈(qīngchè clear)，山色秀美，就决定在这里沐浴一下。在她们沐浴的时候，一只太阳鸟静静地飞来。它把一颗小红果放在了年纪最小的仙女佛库伦的衣服上。小仙女上岸后,看见这么美丽的果子,就把它吃了下去。没想到,佛库伦因此怀孕。姐姐们看到这种情况,对小仙女说,这是天想要把你留在人间,你就留下来吧。

于是,佛库伦留在长白山。不久,她生下了一个男孩。这个孩子姓爱新觉罗。相传,这个男孩就是满族的祖先。后来,满族人就将那只神鸟当作自己的图腾。太阳鸟看起来充满朝气,像要飞上蓝天。满族人希望这只神鸟可以保佑族人充满勇气地生活下去。

1998 年,太阳鸟正式成为沈阳市的城市标志。人们建起了一座高 21 米的雕像,雕像上面有三只太阳鸟昂首向天。雕像坐落在一座长 23 米的高台上,高台上刻着太阳的图案。这座雕像象征着沈阳人面对未来的勇气与信心。

根据短文内容回答问题

1. 太阳鸟的传说发生在什么地方?
2. 佛库伦和满族祖先有什么关系?
3. 你知道其他民族的图腾吗? 说说你了解的情况。

 **文化交流**

在中国,许多地方都有原始人生活的遗址。这些遗址可以告诉我们原始人的生活情景,让我们更加了解人类社会的发展。在你的国家,有这样的遗址吗? 查一查资料,和我们说说那些遗址。

参考词语与句式
原始社会　发掘　完好　模样　尤其　根据

旅游信息小贴士

新乐遗址博物馆

门　　票：20 元/人
开放时间：5 月 1 日至 10 月 31 日
　　　　　开馆：08：30　闭馆：17：30
　　　　　11 月 1 日至 4 月 30 日
　　　　　开馆：08：30　闭馆：16：00
地　　址：沈阳市皇姑区黄河北大街龙山路 1 号
建议游玩时间：2 小时
景点介绍：新乐遗址分布面积 178000 ㎡，重点保护区 22500 ㎡，遗址有上、中、下三层文化堆积，上层文化以磨制石器和素面陶器为主，距今约 3000～4000 年；中层文化，以磨制石斧、细石器和附加堆纹陶罐为主，距今约 5000 年；下层文化以打制、磨制石器和煤制品为主，距今约 7200 年。

旅游口语小贴士

Qǐng wèn　shòu piào chù zài nǎr 请 问，售 票 处 在 哪 儿？	Excuse me，where is the ticket office?
Qǐng wèn，bó wù guǎn　jǐ　diǎn guān mén 请 问，博 物 馆 几 点 关 门？	When does the museum close?
Wǒ　yào　qù　xīn lè　yí zhǐ　dà gài　yào　duō cháng shí jiān 我 要 去 新 乐 遗 址，大 概 要 多 长 时 间？	I want to go to Xinle Site. How long does it take?
Zhè　gè　fáng jiān　hěn　tè bié　kě yǐ　cān guān　yí xiàr　ma 这 个 房 间 很 特 别，可 以 参 观 一 下 儿 吗？	This room is so special, Can I have a look around?
Duì　xué shēng　yǒu　yōu huì　ma 对 学 生 有 优 惠 吗？	Is there a discount for students?

前朝掠影

——沈阳故宫

大政殿

 **会话**

王老师：周末你们打算去哪儿玩？

大　卫：我们打算去沈阳故宫逛一逛。

王老师：来沈阳一定要去故宫。我和你们一起去怎么样？顺便给你们介绍一下沈阳故宫。

索菲亚：好极了。

朴敏智：这样我们既学习了中国文化，也了解了中国历史。

（在沈阳故宫）

王老师：你们是第一次逛故宫吗？

大　卫：不是。我曾经去过北京故宫，这是第一次逛沈阳故宫。

朴敏智：我也是第一次逛沈阳故宫。

索菲亚：听说沈阳也叫盛京，曾经是清朝的首都，沈阳故宫就是那时建造的，它的历史也十分悠久。

王老师：是的，沈阳故宫也叫盛京皇宫，是清朝的开创者努尔哈赤和皇太极建造的，有380多年的历史。沈阳故宫是中国著名的宫廷建筑之一。

大　卫：王老师，我觉得沈阳故宫和北京故宫不太一样。

王老师：大卫，你去过北京故宫，你说说哪里不一样？

大　卫：沈阳故宫的面积比较小。

王老师：没错，沈阳故宫的面积只有6.7万平方米，比北京故宫小得多。

朴敏智：在沈阳故宫，有的宫殿是八角形的。这和北京故宫也不一样。

王老师：敏智，你的眼力真好。这座宫殿叫大政殿，是皇帝工作的地方。清朝时，满族人很多都住在帐篷里。这座宫殿和满族人帐篷形状很相似，都是八角形的。

文溯阁

索菲亚：王老师，中国的皇帝都喜欢金色。北京故宫的屋顶都是金色。为什么在沈阳故宫里有黑色屋顶的建筑？

王老师：索菲亚，你的眼力也不错。那座建筑叫文溯阁。

索菲亚："阁"是什么意思？

王老师：阁就是楼。文溯阁是清朝皇家的图书馆，里面存放着中国历史上非常著名的书籍，叫《四库全书》。《四库全书》是中国人的"百科全书"。它是清朝的康熙皇帝让人编写的。

索菲亚：为什么文溯阁的屋顶是黑色的呢？

王老师：在中国的五行中，黑色象征水。有了水的保护，文溯阁就不会发生火灾了。《四库全书》也就可以安全地存放在这里了。

索菲亚：原来是这样！中国人的想法真是太有趣了。

王老师：没错。故宫里到处都有中国人的"奇思妙想"。

 词语

1	顺便	shùnbiàn	Adv	conveniently, in passing
2	介绍	jièshào	V	to introduce
3	了解	liǎojiě	V	to understand, to comprehend,
4	曾经	céngjīng	Adv	have already once, ever
5	悠久	yōujiǔ	A	long, long—standing, age—old
6	开创者	kāichuàngzhě	N	pathfinder, pioneer

7	建造	jiànzào	V	to build
8	宫廷建筑	gōngdiàn jiànzhù	IE	imperial architecture
9	面积	miànjī	N	the measure of area, square measure
10	宫殿	gōngdiàn	N	palace
11	皇帝	huángdì	N	an emperor, a monarch
12	满族	mǎnzú	N	Manchu
13	帐篷	zhàngpeng	N	a tent, a camp, a canvas
14	形状	xíngzhuàng	N	shape, form, appearance
15	相似	xiāngsì	A	to be similar, to resemble, to be alike
16	眼力	yǎnlì	N	eyesight, judgment
17	阁	gé	N	a (usually two—story) pavilion, the cabinet
18	编写	biānxiě	V	to write, to compose
19	象征	xiàngzhēng	V	to symbolize, to signify
20	保护	bǎohù	V	to protect, to secure, to guard, to safeguard
21	发生	fāshēng	V	to occur, to take place
22	火灾	huǒzāi	N	a fire (accident), a conflagration, a blaze
23	奇思妙想	qísī miàoxiǎng	IE	unusual but wonderful thinking

专有名词

1	盛京皇宫	Shèngjīng Huánggōng	Shengjing palace
2	大政殿	Dàzhèng Diàn	Dazheng Hall
3	文溯阁	Wénsù Gé	Wenshuo Pavilion
4	五行	Wǔxíng	five phases
5	四库全书	Sìkùquánshū	Complete Liberary of Four Branches of Books

重点词语与句式

1. 顺便给你们介绍一下沈阳故宫。

"顺便",副词,表示趁做某事的时候做另一件事。发音时,常用儿化音。例如:
1)他去沈阳开会,顺便游览了沈阳故宫。

2)在去超市的路上,我顺便取了五百元钱。

3)不知道他打电话找我有什么事? 你见到他,顺便帮我问问。

2. 我曾经去过北京故宫。

"曾经",副词,表示从前有过某种行为或情况,后面一般接动词或形容词。

曾经+动　　　　例如:

1)我曾经学过两年汉语。

2)他曾经去过沈阳。

曾经+形　　　　例如:

3)前几天曾经冷过一阵,这几天又暖和了。

4)十年前,这条街曾经热闹过。

比较"曾经"与"已经"

	曾经	已经
语义	从前有过某种行为或情况	行为动作已经完成
时态	已然 我曾经在这里住过三年。	已然 这本书我已经买到了。 未然 我已经在这里住了三年。
搭配	曾经+过/了	已经+了
否定	不曾 这种产品我们不曾生产过。 (从来)+没+动+过 这本小说我从来没看过。	已经+不 他已经不在北京学习了。 (还)+没+动 这本书我还没看呢。

3. 我觉得沈阳故宫和北京故宫不一样。

"A 和 B 一样"与"A 和 B 不一样",用来比较事物、性状的同异,后面常加形容词或动词。例如:

1)这个字的声调和那个字一样。

2)这间教室和那间教室一样大。

3)他的看法和我们的看法不一样。

4)用钢笔写和用毛笔写不一样。

练习

一、用所给词语完成句子

1. 走了这么久，我们进咖啡厅喝杯咖啡，顺便休息一下。（顺便）

(1) 我明天去书店，_____。
(2) 他要回国休假，_____。

2. 我曾经在北京生活过一段时间。（曾经）

(1) _____，所以对北京故宫非常了解。
(2) _____，因此他中文学得特别好。

3. 听说今天要下雨，你们都别忘记带雨伞。（听说）

(1) 我_____，所以给大家准备了地图。
(2) _____，我们一起去看看吧。

二、根据拼音写汉字

1. 王老师和我们一起逛故宫，shùnbiàn（　　　　　）向我们介绍故宫的历史。
2. 我们既可以学习汉语，也可以 liǎojiě（　　　　　）中国文化。
3. 沈阳故宫有 380 多年的 yōujiǔ（　　　　　）历史。
4. 沈阳也叫盛京，这里 céngjīng（　　　　　）是清朝的首都。
5. 有了水的 bǎohù（　　　　　），故宫就不会发生火灾了。

三、根据对话内容选择正确答案

1. 在古代，沈阳也叫（　　　　　）。
   A. 北京　　　　　　　　B. 盛京　　　　　　　　C. 南京
2. 沈阳故宫里的大政殿是皇帝（　　　　　）。
   A. 休息的地方　　　　　B. 工作的地方　　　　　C. 吃饭的地方
3. 沈阳故宫里图书馆的名字是（　　　　　）。
   A. 文书阁　　　　　　　B. 文溯阁　　　　　　　C. 文渊阁

四、回答问题

1. 中国有几个故宫？

2. 除了沈阳故宫,中国还有哪些著名的古代建筑?

3. 中国的"五行"是指什么?

旅游文化扩展阅读

故宫里的"奇思妙想"

在中国古代,为了显示自己的权力和地位,帝王们喜欢建造各种豪华的宫殿。今天我们能见到的宫廷建筑群只有两座,分别是北京故宫和沈阳故宫。

沈阳故宫于公元1625年开始修筑,1637年建成。与北京故宫不同,沈阳故宫由满族皇帝修建。这里的建筑有明显的少数民族特点。游览沈阳故宫,你会发现许多古人的"奇思妙想"。

与数字有关的建筑

大政殿是沈阳故宫中最著名的建筑之一。皇帝在这里进行日常工作,或举行庆祝活动。大政殿是一座八角形建筑,又称"八角殿"。殿内有八根红色柱子。柱子上面画着彩色的云龙。这些龙形态各异,栩栩如生。大政殿还有八扇木门,分别朝八个不同的方向。门身为朱红色,上面雕刻着圆形的金龙。龙头两两相对,非常威严。

大政殿前的广场上,建有十间房屋。这些房屋形状跟亭子相似,俗称"十王亭"。"十王亭"也叫"八旗亭",它们在广场的东西两侧,排列的形状与汉字的"八"相同。"十王亭"是为十位重要官员准备的,他们可以在此办公或者与皇帝讨论国家大事。官员的职位越高,他的亭子离皇帝的大政殿越近。在中国宫殿建筑中,这种让皇帝与官员一起工作的建筑是独一无二的。

大政殿与十王亭

无论是大政殿还是十王亭,都与数字"八"有密切关系。为什么当时的中国人喜欢"八"呢?这与清朝的八旗制度有关。在清朝,按照社会地位的高低,满族人被分为八个等级,每个等级都有一面旗帜。根据身份的高低,旗的颜色分为正黄、镶(xiāng)黄、正白、镶白、正红、镶红、正蓝、镶蓝。大政殿的"八角形"与十王亭的"八字"排列都是八旗制度的一种表现。

与民俗有关的建筑

清宁宫是皇帝、皇后居住与祭拜祖先的地方,也称"中宫"。虽然叫中宫,但宫廷的大门却不在中间,而是在右侧第二间房。这种房屋叫"口袋房"。清宁宫里没有床,只有炕,而且南、北、西三面都是炕。三面的炕组成了"匚"形状,叫做"万字炕"。

口袋房、万字炕与满族人的生活习惯有关。满族人生活在中国东北。因为那里天气寒冷,所以他们靠口袋房来抵御(dǐyù resist, withstand, fight with)大风,靠万字炕来抵御严寒。

万字炕

在清宁宫的门前,有一根 7 米多高的木杆,木杆的顶部有一个碗。这个木杆叫"索伦杆"。在满族人心里,"索伦杆"非常神圣。宫廷里每天有人将大米或肉放在碗里,来喂养乌鸦。这个习俗与一个传说有关。在一次战争中,清朝的皇帝努尔哈赤被敌人追杀,他实在无处可逃,就躺在草地里。突然,一群乌鸦落在他的身上。敌人只看到黑压压的一群乌鸦,根本找不到努尔哈赤,便失望地离开了。后来,努尔哈赤成了皇帝。为感谢乌鸦的救命之恩,他要求满族人在自家的院子里立起"索伦杆",放上美食,供乌鸦享用。

根据短文内容回答问题

1. 大政殿的特点是什么?
2. 故宫的建筑为什么喜欢数字"八"?
3. 说说有关"索伦杆"的历史故事?

 **文化交流**

你们国家有哪些著名的宫殿建筑?请向大家介绍一下有关它的历史和特色。

参考词语与句式
建筑 介绍 曾经 历史 象征 和……不一样

旅游信息小贴士

沈阳故宫

门　　票:60 元/人

开放时间:4 月 10 日至 10 月 10 日

　　　　开 馆:08：30　停止售票:16：45

　　　　闭 馆:17：30

　　　　10 月 11 日至 4 月 9 日

　　　　开 馆:09：30　停止售票:15：45

　　　　闭 馆:16：30

　　　　注:每周一上午闭馆,下午 13：00 开馆。

地　　址:辽宁省沈阳市沈河区沈阳路 171 号

建议游玩时间:3 小时

 旅游口语小贴士

Qǐng wèn fù jìn yǒu méi yǒu qù gù gōng de gōng gòng 请 问,附 近 有 没 有 去 故 宫 的 公 共 qì chē 汽 车 ?	Excuse me, is there any bus that goes to the Imperial Palace?
Qǐng wèn cóng zhèr dào gù gōng yào zuò jǐ zhàn 请 问, 从 这 儿 到 故 宫 要 坐 几 站 ?	Excuse me, how many bus stops are there from here to the Imperial Palace?
Dào gù gōng duō shǎo qián 到 故 宫 多 少 钱 ?	How much does it cost to go to the Imperial Palace?
Xià yí zhàn shì gù gōng ma 下 一 站 是 故 宫 吗 ?	Is the next stop the Imperial Palace?
Wǒ yào mǎi yì zhāng mén piào 我 要 买 一 张 门 票 。	I would like to buy a ticket.

和而不同
——沈阳的宗教

 会话

南关天主教堂

索菲亚：乔治，你穿西服真帅！

乔　治：谢谢！我也是这么认为的。

林　浩：你穿这么正式的服装是要去参加宴会吗？

乔　治：今天是星期六，我要去南关天主教堂做礼拜。

索菲亚：南关天主教堂？我好像听说过，是不是在五爱市场附近？

乔　治：是的，从我们学校去南关天主教堂非常方便，坐212路公交车就可以直接到达。

索菲亚：我记得那是一座既古老又漂亮的建筑。

乔　治：没错，南关教堂建于1878年，是法国传教士方若望创建的。它沿袭了欧洲文艺复兴时期的建筑形式，是典型的哥特式建筑。

林　浩：现在很多年轻人都选择在那里拍婚纱照，举行婚礼呢。

索菲亚：那真是太幸福了！

乔　治：你有宗教信仰吗？

索菲亚：还没有，不过我很想了解一些这方面的情况，也很想去看看。

林　浩：在中国，宗教信仰是自由的。沈阳有基督教、天主教、东正教的教堂，也有伊斯兰教的清真寺、还有佛教的寺庙和道教的道观呢。

索菲亚：道教是什么教？我以前没听说过。

林　浩：道教是起源于中国的一种古老宗教。道教教义蕴含了很多中国人的哲学思想，有鲜明的中国特色。

索菲亚：我很想了解一些道教文化，你可不可以给我介绍一下。

林　浩：那我们一起去太清宫吧，那是清代一个叫郭守真的道士建造的，是一座非常著名的道观。

索菲亚：太好了。师傅在上，请受小女子一拜。

林　浩：哪里，哪里。我也有很多问题要向你请教呢！

乔　治：我知道，我知道。这是不是叫做"三人行，必有我师焉"。

林　浩：没错，你的知识可真丰富，看来我们可以一起研究研究古文了。

 词语

1	西服	xīfú	N	western—style clothes
2	正式	zhèngshì	A	formal, official
3	礼拜	lǐbài	N	religious service
4	好像	hǎoxiàng	Adv	seemingly
5	附近	fùjìn	N	nearby
6	直接	zhíjiē	A	direct, straight
7	座	zuò	M	for massive or fixed objects
8	古老	gǔlǎo	A	ancient
9	建筑	jiànzhù	N	building
10	于	yú	Prep	In, on, at(indicating time or place)
11	创建	chuàngjiàn	V	to set up, found
12	沿袭	yánxí	V	to follow, to carry on as before
13	形式	xíngshì	N	form
14	典型	diǎnxíng	A	typical, representative
15	信仰	xìnyǎng	N	faith, belief
16	方面	fāngmiàn	N	respect, aspect
17	自由	zìyóu	A	free
18	寺庙	sìmiào	N	temple
19	道观	dàoguàn	N	Taoist temple
20	起源	qǐyuán	V	to originate
21	蕴含	yùnhán	V	to contain
22	哲学	zhéxué	N	philosophy
23	鲜明	xiānmíng	A	bright, clear—cut
24	特色	tèsè	N	characteristic, unique feature
25	著名	zhùmíng	A	famous; well—know
26	受	shòu	V	to receive, to be subjected to
27	请教	qǐngjiào	V	to consult, to ask for advice
28	古文	gǔwén	N	ancient Chinese prose

 **专有名词**

1	南关天主教堂	Nánguān Tiānzhǔ Jiàotáng	Nanguan Catholic Church
2	五爱市场	Wǔài Shìchǎng	Wuai Market
3	欧洲文艺复兴	Ōuzhōu Wényì Fùxīng	The European Renaissance
4	哥特式建筑	Gētèshì Jiànzhù	Gothic architecture
5	方若旺	Fāng Ruòwàng	a well—known missionary
6	道教	Dàojiào	Taoism
7	佛教	Fójiào	Buddhism
8	基督教	Jīdūjiào	Christianity
9	天主教	Tiānzhǔjiào	Catholicism
10	东正教	Dōngzhèngjiào	Orthodox Church
11	太清宫	Tàiqīng Gōng	The Taiqing Gong
12	郭守真	Guō Shǒuzhēn	a well—known taoist

重点词语与句式

1. 我也是这么认为的。

"是……的"的使用语境一定是动作已经发生或完成之后。它要强调的是,过去动作发生或完成的时间、地点、方式等。在肯定句中,"是"可以省略,否定句中"是"不能省略。

肯定句　　例如:

1)我(是)去年九月来中国的。

2)她(是)坐飞机来的。

3)他(是)从加拿大来的。

否定句　　例如:

4)我不是去年毕业的。

5)他不是从美国来的。

6)我们不是坐火车来的。

如果动词有名词宾语时,宾语常常放在"的"的后边。例如:

7)我是在北京学的汉语。

8)我是昨天看见的她。

2. 我记得那是一座既古老又漂亮的建筑。

连词"既"和副词"又"相呼应,表示两种性质或情况同时存在。连接动词或形容词及动词、形容词短语结构。短语的结构和音节数常常相同。例如:

1)她既聪明又漂亮。

2)我们既要学会学习,又要学会休息。

3)他既会说英语又会说汉语。

3. 南关教堂建于1878年,是法国传教士方若望所建。

"于"和它后面的名词、动词等组成介宾短语,介绍行为、动作、状态发生或出现的时间、地点、范围等。例如:

1)北京的古建筑大部分建成于明清时期。

2)杭州位于中国的东南沿海。

3)老王的工作经验大多源于多年的工作实践。

4. 哪里,哪里。我也有很多问题要向你请教呢!

"哪里"单独或重复用在对话里,表示否定。这是一种谦虚、客气的说法。例如:

1)A:真是麻烦您了!

　B:哪里哪里,这是我应该做的。

2)A:你做的菜真好吃,比饭店里的还好吃!

　B:哪里哪里,我跟你比还差得远呢!

5. "三人行,必有我师焉"。

这句话出自《论语·述而》。意思是:三个走在一起的人,其中必定有可以做我老师的人。孔子的这句话是告诉我们,每个人都有值得自己学习的地方,一个人要端正学习的态度,虚心地向别人学习。

6. 你的知识可真丰富,看来我们可以一起研究研究古文了。

"可",副词,表示强调。例如:

1)这个苹果的样子好,味道可不一定好。

2)我可没说过这句话。

3)他可聪明了,就是不努力。

练习

一、用所给的词语完成句子

1. 是……的

(1)这是玛利亚,她＿＿＿＿＿＿＿＿＿＿＿。（从俄罗斯来）
(2)这辆车＿＿＿＿＿＿＿＿＿＿＿。（到学校去）
(3)这件白色衬衫＿＿＿＿＿＿＿＿＿＿＿。（从商店买）

2. 于

(1)在我国,甘蔗主要＿＿＿＿＿西双版纳。（产）
(2)他二零一五年＿＿＿＿＿沈阳大学。（毕业）

3. 好像

(1)他一直不说话,＿＿＿＿＿＿＿＿＿＿＿。（不高兴）
(2)A:他是哪国留学生?
　 B:＿＿＿＿＿＿＿＿＿＿＿。（日本留学生）
(3)A:我们坐哪辆车?
　 B:＿＿＿＿＿＿＿＿＿＿＿。（蓝色的）

二、根据拼音写汉字

1. 你第一天上班,要穿得 zhèngshì（　　　　　）一点儿。
2. 地铁二号线建成后,人们坐地铁就能 zhíjiē（　　　　　）从中街到达太原街了。
3. 南关教堂 chuàngjiàn（　　　　　）于 1878 年,是法国传教士方若望所建。
4. 这是一家很有地方 tèsè（　　　　　）的餐厅。
5. "三人行,必有我师焉"是告诉我们:每个人都有值得学习的地方,遇到困难的时候,我们应该虚心向别人 qǐng jiào（　　　　　）。

三、根据对话内容选择正确答案

1. 南关教堂建于哪年?（　　　　）
A. 1878 年　　　　　　　　B. 1800 年　　　　　　　　C. 1911 年
2. 南关教堂是谁创建的?（　　　　）
A. 郭守真　　　　　　　　B. 孔子　　　　　　　　　C. 方若旺

3. 南观教堂是什么类型的建筑？（　　　　）

A. 巴洛克式建筑　　　　　　B. 哥特式建筑　　　　　　C. 拜占庭式建筑

四、回答问题

1. 请介绍一下南关天主教堂。
2. 在中国宗教信仰自由吗？
3. 中国最古老的宗教是什么？

旅游文化扩展阅读

东北最大的道观——太清宫

　　道教是中国本土的宗教，距今已经有一千八百多年的历史了。太清宫是东北地区最大的道观，坐落在沈阳小西门外一条繁华的街道上，距今已有三百年的历史。

　　作为一处道教场所，太清宫本来应该建在山上，可是为什么却建在闹市之中呢？这里还有一个有趣的传说。

　　康熙二年（1663 年），盛京城大旱，河水都干涸（gānhé dry up）了，庄稼也枯萎了，老百姓的生活都成了问题。盛京城的大将军乌库礼万般无奈（wànbānwúnài have no alternative），只好贴出求雨的告示（gàoshi bulletin），如果有人能够求雨成功，就赏赐给他三千两银子。告示刚贴出不久，就有一个叫郭守真的道士前来揭榜，守卫的士兵连

沈阳太清宫

忙把道士带到了乌库礼的面前。乌库礼看到有人能够求雨非常高兴，他问郭守真："你用什么方法求雨？"郭守真说："你给我搭个三丈六尺高的法台就行了。"于是乌库礼就照着郭守真的话去做了。

　　第二天早晨，郭守真就登上法台开始求雨。数万人前来观看，大家都半信半疑。没想到，不一会儿的功夫，天边就乌云滚滚，接着电闪雷鸣，不到两个时辰就下起雨来。郭守真求来了一场大雨，解决了盛京城的旱情，百姓们非常高兴，纷纷向郭守真表示感谢，并把郭守真奉为"神人"。

　　这场大雨解决了当时的旱情，按照之前的承诺，郭守真应该获得三千两白银，但贪财的乌库礼不但不守诺言，反而把郭守真抓了起来。七天之后，乌库礼的母亲突然生了急病，医生诊断后开了副药方，需要新鲜的玉兰花做药引，乌库礼找了很多地方也找不到新鲜的玉兰花。后来经人提醒，才想起了郭守真。

　　乌库礼找到郭守真的时候，看到郭守真红光满面地坐在地上，手中拿着一朵新鲜的玉兰花。见到这样的情景，乌库礼终于心服口服了。为了表示感谢，乌库礼命人拿出一万两

银子送给郭守真。然而,郭守真却拒绝了。他把乌库礼带到求雨台旁的一处洼地(wādì depression)前,并表示,如果一定要感谢的话,就在这洼地上面修建一座道观。

可是该如何在洼地上修建道观呢?乌库礼对郭守真说:"如果你能将这洼地填平,我将立即命人修建道观。"第二日,郭守真坐着蒲团漂在水面上,并对周围的百姓说,如果你们能够用石头或土打到我,我就送给你们每人一两银子。

消息传开了,人们纷纷兜着土和石头来到洼地前,然而却没有一个人能打中郭守真,洼地却被土和石头填成了平地。于是,乌库礼兑现了他的诺言,在洼地之中建起了一座道观。

这座道观就是现在的太清宫。事实上,所谓的求雨之说只不过是个传说而已。当年求雨的角楼就在太清宫东侧的马路对面,现在仍可以看到。不过,太清宫确实是建在洼地之上的,直到现在仍不难看出这座建筑群低于地平线。

根据短文内容回答问题

1. 道教起源于哪个国家?
2. 郭守真求雨成功之后得到三千两白银了吗?
3. 郭守真如何把洼地填成了平地?

 **文化交流**

说一说你们国家有关宗教建筑的历史传说。

参考词语与句式
是……的　　古老　　沿袭　　信仰　　著名

 旅游信息小贴士

太清宫

门　　票:2元/人

开放时间:09:00—16:00

地　　址:沈阳市沈河区西顺城街16号

交通信息:乘坐 116、131、207、212、221、224、227、230、243、248、256、258、270、289、292、331、333、334、338、503 路公交车到"太清宫站"下车即是。

建议参观时间:1 小时

南关天主教堂

沈阳南关天主教堂弥撒时间安排

平日:

6:30(夏季时间)7:00(冬季时间)汉语弥撒

4月至10月 大教堂 11月至次年3月 小教堂

17:30(夏季时间)17:00(冬季时间)汉语弥撒

4月至10月 大教堂 11月至次年3月 小教堂

主日及大瞻礼日:

6:30(汉语平弥撒—大教堂)

9:00(汉语公弥撒—大教堂)

9:30(韩语弥撒—小教堂)

11:30(英语弥撒—小教堂)

17:30(汉语青年弥撒—大教堂)

地　　址:沈阳市沈河区小南街南乐郊路40号

交通信息:乘坐103、223、246路公交车到"小南街站"下车即是;

乘坐224、103、246、266路公交车到"五爱市场站"下车即是。

建议参观时间:2小时

慈恩寺

门　　票:免费

开放时间:8:30—17:00

地　　址:沈阳市沈河区大南街慈恩寺巷12号

交通信息:乘坐113、150、257、环路公交车到"二十七中学站"下车即是。

建议参观时间:2小时

南清真寺

门　　票:免费

开放时间:8:00—19:00

地　　址:沈阳市沈河区南清真寺路23号

交通信息:乘坐243、156、256、140、230、221、248路公交车在"清真寺站"下车即是。

建议参观时间:2小时

旅游口语小贴士

Qù jiào táng zěn me zǒu 去 教堂 怎么 走？	How can I get to the church?
Kě yǐ gēn wǒ hé yǐng ma 可以 跟 我 合影 吗？	Could we take a group photo?
Zhè shì nǎr wǒ mí lù le 这 是 哪儿？我 迷路 了。	Where is it? I'm lost.
Nǐ yǒu měi guó dà shǐ guǎn de diàn huà ma 你 有 美国 大使馆 的 电话 吗？	Do you have the telephone number of American Embassy?
Wǒ de bāo diū le lǐ miàn yǒu hù zhào hé xìn yòng kǎ 我 的 包 丢 了，里面 有 护照 和 信用卡。	I lost my bag with my passport and credit cards in it.

传世浮屠

——沈阳四塔

东为慧灯朗照　名曰永光寺

南为普安众庶　名曰广慧寺

西为虔祝圣寿　名曰延寿寺

北为流通正法　名曰法轮寺

 会话

朴敏智：昨天，我发现在西塔旁有一座神秘的古代建筑，不知道是什么地方？

大　卫：快说说，是什么样的古代建筑？

朴敏智：一座白色的圆形建筑。

大　卫：噢，那不是塔吗？它是西塔，沈阳的四塔之一。我朋友以前和我说起过。你们平时去吃饭的那条街，因为就在西塔旁边，所以沈阳人叫它西塔街。

朴敏智：原来是这样。我以前也一直觉得奇怪，那条街上只有楼，根本没有塔，为什么叫西塔街呢？今天才知道真正的原因。

大　卫：我听朋友说，其实沈阳城内一共有四座白塔，分别是东塔、西塔、北塔、南塔。它们建于清朝初年，每座塔旁都建有一座寺院，用来祈求国家统一，人民幸福。

朴敏智：这四座塔有什么不同吗？

大　卫：从外面看，它们都是白色的圆塔，但是名字和供奉的佛像都各不相同。比如你看到的西塔,也叫"延寿寺"。

朴敏智:"延寿寺"? 延就是延长,寿就是长寿,是祈求长寿的意思吧?

大　卫:不错,就是希望国家长治久安,老百姓健康长寿的意思。不过,因为损坏严重,西塔曾经被拆除过一次。你现在看到的西塔是重新修建的。

朴敏智:在这四座塔中,哪座塔保存得最完好?

大　卫:四座塔中保存最完好的应该是北塔了。康熙皇帝曾经来北塔拜佛,并且为北塔写了"护国法轮寺"的匾额。这块匾额至今还保存着。

朴敏智:当时皇帝为什么要修建这四座塔呢?

大　卫:其实,关于修建这四座塔的原因,历史上有许多说法。之前王老师给我们讲过,沈阳也称盛京,清朝最初的首都就在这里。后来,清朝的首都迁到北京以后,皇帝就命令人在盛京城的外面建了四塔。目的就是希望佛主能保佑盛京一直兴旺发达、长治久安。所以,这四座塔叫"护国四塔"。

朴敏智:刚才你说这四座塔的名字都不同。西塔叫"延寿寺",北塔叫"法轮寺",那其他两座塔呢?

大　卫:让我想一下,哦,想起来了。东塔叫"永光寺",南塔叫"广慈寺"。更重要的是,在老沈阳人眼中,这四座塔的作用也不一样。

朴敏智:作用? 看来你对佛寺还挺有研究,快说说。

大　卫:其实我只知道一点儿。一般情况下,沈阳人去东塔是祭祀去世的亲人,去南塔是祈求健康,去西塔是祈求长寿,去北塔是祈求生儿育女。

朴敏智:大卫,你不是说你妈妈要过生日了吗? 不如我们明天就去西塔祈求妈妈健康长寿吧。

 词语

1	浮屠	fútú	N	pagoda
2	塔	tǎ	N	pagoda
3	神秘	shénmì	A	mystical, mysterious
4	奇怪	qíguài	A	strange
5	根本	gēnběn	Adv	at all
6	供奉	gòngfèng	V	to enshrine, to consecrate
7	佛像	fóxiàng	N	image of the Buddha
8	延长	yáncháng	V	to lengthen, to extend
9	长寿	chángshòu	N	longevity
10	长治久安	chǎngzhì jiǔ'ān	IE	long period of stability
11	损坏	sǔnhuài	V	to damage
12	拆除	chāichú	V	to demolish
13	重新	chóngxīn	Adv	again

14	拜佛	bài fó	VO	to worship Buddha
15	匾额	biǎn'é	N	horizontal inscribed board
16	迁	qiān	V	to move
17	保佑	bǎoyòu	V	to bless
18	兴旺发达	xīngwàng fādá	IE	flourish, flourish and grow
19	生儿育女	shēng'ér yùnǚ	IE	bear children, give birth to and raise children

专有名词

1	康熙	Kāngxī	an emperor of Qing Dynasty
2	延寿寺	Yánshòu Sì	Yanshou Temple
3	法轮寺	Fǎlún Sì	Falun Temple
4	永光寺	Yǒngguāng Sì	Yongguang Temple

重点词语与句式

1. 那不是塔吗？它是西塔,沈阳的四塔之一。

"不是……吗",反问句,表示肯定,提醒对方注意某个明显的事实。例如：
1)今天要下雨,我不是早就跟你说过了吗？
2)你不是去过那个地方吗？
有时句子略带有惊讶或不满的语气。

2. 因为就在西塔旁边,所以沈阳人叫它西塔街。

"就",副词,表示短时间内即将发生。例如：
1)我就去。
2)他马上就到。
表示某事很久以前就已经发生。例如：
3)他十五岁就来中国留学生了。
4)这些问题我们早就研究过了。
也可用来加强肯定。例如：
5)这就是我住的房间。
6)他家就在这条街道。

3. 想起来了

"动词＋起来",趋向补语,用在动词后由表示趋向的动词"来""去""上""下""上来""下去""回去"等作补语。"起来"是趋向补语中较为常见的。其常用意义如下:

表示人或物随动作由下向上。例如:

1)太阳升起来了。

2)把头抬起来。

表示动作完成,有达到一定目的、结果的意思。例如:

3)他的电话号码我想不起来了。

4)你的计划已经进行起来了吗?

表示动作开始,并继续下去。例如:

5)他的话把大家都逗得笑起来。

6)这篇文章读起来很有趣。

4. 不如我们明天就去西塔祈求妈妈健康长寿吧。

"不如",动词,用于比较,表示比不上,后者比前者更好。例如:

1)大卫的汉语说得不如敏智。

2)这个教室不如那个教室大。

表示建议。例如:

3)周末,我们不如打扫一下房间。

4)你如果想了解中国文化,不如去中国生活一段时间。

 练习

一、用所给词语完成句子

1. 关于学校的课程:我会发邮件给你。(关于)

(1)我明天打电话告诉你＿＿＿＿＿＿＿＿＿＿＿＿。

(2)我想买一些＿＿＿＿＿＿＿＿＿＿＿。

2. 这孩子每次哭起来就不停。(起来)

(1)雨＿＿＿＿＿＿＿＿＿＿＿。

(2)这个词的用法我＿＿＿＿＿＿＿＿＿。

3. 他根本没来过中国,怎么可能了解中国的情况。(根本)

(1)＿＿＿＿＿＿＿＿＿＿,你不用找了。

(2) _____,就别骗我了。

二、根据拼音写汉字

1. 在外国人眼中,中国和中国文化总是那么 shénmì(   )。
2. 真 qíguài(   ),出门时还是晴天,现在却下起雨来了。
3. 我 gēnběn(   )不认识这个人,也没听过他的名字。
4. 在四塔中,西塔 sǔnhuài(   )得最严重。
5. 这个词的用法我没听懂,您能 chóngxīn(   )讲一下吗?

三、根据对话内容选择正确答案

1. 清朝的皇帝为什么在沈阳建四塔?(   )
A. 保佑国家长治久安   B. 希望自己长寿   C. 打仗胜利
2. 在四塔中,保存最完好的是(   )。
A. 北塔   B. 南塔   C. 西塔
3. 为了祈求长寿,沈阳人习惯去(   )。
A. 东塔   B. 南塔   C. 西塔

四、回答问题

1. 沈阳的四塔都在什么地方?
2. 你能说出四塔的名字吗?
3. 除了四塔,你知道沈阳还有哪些著名的寺庙吗?

 旅游文化扩展阅读

八王寺与甜水井(jǐng well)的传说

八王寺位于沈阳市大东区,临近沈阳大学。这座寺庙也叫"大法寺",是明朝时期修建的。经过多年战乱,到了清朝,这座寺庙已经损坏得十分严重。1638 年,努尔哈赤的儿子阿济格经过大法寺。他看到寺庙破损严重,就拿出钱,让人重新修建了大法寺。

当时,阿济格和其他"八大铁帽子王"(tiě màozi wáng eight status highest Barons)都居住在沈阳。寺庙里的僧人为了感谢阿济格,便在大法寺旁修建了一座"八王祠"。此后,大法寺就逐渐成为了阿济格的家庙(jiāmiào ancestral temple)。人们渐渐将大法寺称为"八王寺"。这就是八王寺的由来。

对于沈阳人来说,一提到八王寺,人们想到的不是寺庙,而是甘甜的井水。那么,井水和寺庙有什么关系呢?

传说中，八王寺周围都是洼地（wādì marsh），在那里居住的人喝水非常困难。有钱人要从城里运水，穷人则要喝洼地里的脏水。清朝时，在八王寺附近住着一位叫莲花的姑娘。她不仅漂亮，而且非常善良。

八王寺

有一段时间，一位穿着破衣服的老太太，经常去莲花家要吃的。莲花每次都请老太太进屋，帮她洗手洗脸，给她好吃的饭菜。到了冬天，莲花还把自己的衣服送给老太太，免得老人受冻生病。

尽管莲花对老太太这么好，但是这位老太太非常奇怪，她从来不感谢莲花。莲花觉得这些都是自己应该做的事情，也从来没有后悔或抱怨（bàoyuàn complain, murmur at）过。

终于有一天，老太太告诉莲花自己要走了，而且再也不回来了。她问莲花有什么愿望或要求。莲花想了很久，对老太太说，这里的老百姓没有干净的水可以喝，如果能有一口甜水井，她就满足了。那位老人答应了莲花的要求。不久之后，在八王寺里，就出现了一口甜水井。周围的老百姓都高兴得很，大家从此就有泉水可以喝了。

所以，后代的沈阳人一提到"八王寺"，就立即会想到那口甜水井和井里甘甜的泉水。

根据短文内容回答问题

1. "八王寺"的原名是什么？
2. 介绍一下"八王寺"的历史？
3. 为什么沈阳人提到"八王寺"就会想到井水？

文化交流

每个国家都有自己的宗教信仰。沈阳四塔只是中国人佛教信仰的缩影。在你的国家，人们有什么信仰？那里有哪些著名的教堂或寺庙，向大家介绍一下吧。

参考词语与句式
建筑　特别　关于　祈求　保存　保护　其实

旅游文化小贴士

沈阳佛教建筑群

名称	介绍	图片
慈恩寺 （辽宁省沈阳市沈河区大南街慈恩寺巷12号）	慈恩寺是沈阳最大的佛寺。寺庙始建于唐朝，清朝扩建。寺院坐西向东，占地约1260m²。正面有山门三楹，灰瓦顶。院内南侧为钟楼，北侧为鼓楼，中间最前为天王殿，殿内有四大天王和弥勒、韦驮塑像。大雄宝殿正中供奉三世佛，后面正中为航海观音。	
长安寺 （辽宁省沈阳市沈河区朝阳街长安寺巷6号）	长安寺是沈阳最古老的建筑群，相传建于唐朝，民间有"先有长安寺，后有沈阳城"的说法。长安寺占地约5000 m²，坐北朝南。自南向北依次建有山门、天王殿、戏台、拜殿、大殿和后殿等建筑。大殿是长安寺的主体建筑，体量最大，也最宏伟。寺内建筑上有彩画。寺内现存的明清碑刻有重要历史价值。	 

名称	介绍	图片
八王寺 （辽宁省沈阳市大东区八王寺街边墙路112号）	八王寺,始建明朝,清朝重修。寺院坐北朝南。前门上悬挂"大法禅林"匾额,门内有哼哈二将雕塑,东西两侧建有钟楼、鼓楼,中为天王殿,后为大殿。寺院东南50米处有清泉一眼,俗名八王寺井。	
实胜寺 （辽宁省沈阳市和平区皇寺路206号）	实胜寺俗称黄寺或皇寺,是清朝在东北建立的第一座正式藏传佛教寺院。寺庙占地面积7000m²。寺院为长方形。院右边的钟楼内悬挂着一口千斤重的大铁钟,这便是沈阳八景之一"黄寺鸣钟"。院内有两座碑亭,亭内各有一座石碑,石碑正面与背面分别用满文、汉文、蒙文和藏文书写。人们称为"四体文碑"。	

旅游口语小贴士

Qǐng wèn zhè zuò sì miào yǒu duō jiǔ de lì shǐ le 请问，这座寺庙有多久的历史了？	Excuse me, how old is this temple?
Néng gěi wǒ jiǎng jiang zhè zuò chéng shì de lì shǐ ma 能给我讲讲这座城市的历史吗？	Would you like to tell me some history about this city?
Zhè zuò gōng yuán zuì shì hé shén me shí jiān cān guān 这座公园最适合什么时间参观？	What time will be mostly suit to visit this park?
Néng bāng wǒ men pāi yì zhāng zhào piàn ma 能帮我们拍一张照片吗？	Could you take a photo for us?
Rén tài duō le wǒ men hái shì xià cì zài lái cān guān ba 人太多了，我们还是下次再来参观吧。	Too many people, we'd better go there again.

府里春秋

——张氏帅府

会话

林　浩：索菲亚，这个周末你有什么打算？

索菲亚：我还没想好，不过我很想去看看沈阳的老房子，你有什么地方可以推荐吗？

林　浩：说到老房子，你听说过张氏帅府吗？那是一座 1914 年建的老房子。

索菲亚：1914 年？那么这个房子有一百多年的历史了。

张氏帅府·大青楼

林　浩：是的，那里的建筑很有特色，每座楼的风格都是不同的。有中国传统风格的四合院、中西合璧的小青楼、罗马风格的大青楼、北欧风格的红楼、东洋风格的赵四小姐楼。可以说，张氏帅府是一座近代建筑博物馆。

索菲亚：这么特别的住宅，它的主人是谁？

林　浩：那里是东北大帅张作霖和他的大儿子张学良的住宅。

索菲亚：张学良？我好像在电视上看到过这个人。虽然我有点儿看不懂那个纪录片，但是我记得他是个很帅的男人。

林　浩：你真有眼光，他是当时有名的美男子。按照现在的说法，张学良是标准的"高富帅"，是很多女孩的白马王子！

索菲亚：你这样一说我更感兴趣了！那我真应该去大帅府看看，这样能更完整地了解张学良和那段历史。

林　浩：到时候，你还可以去大帅府旁边的金融博物馆。博物馆内陈列了中国古代各种货币和世界各国的货币，展示了东北金融业的发展历程。

索菲亚：那里有什么特色吗？

林　浩：走进金融博物馆，仿佛回到了 20 世纪 30 年代。大厅内都是人，有的在交谈、有的在存钱，非

张氏帅府

常热闹。这些都是穿着民国时期服装的蜡像人物，反映了当年银行营业时的场景，十分有趣。你也可以充当"他们"之中的一员，拍照合影。

索菲亚：耳听为虚，眼见为实。有空的话，你陪我去一趟，好吗？

林　浩：说走就走，我现在就有空！

 词语

1	推荐	tuījiàn	V	to recommend
2	风格	fēnggé	N	style, manner
3	四合院	sìhéyuàn	N	Chinese courtyard
4	中西合璧	zhōngxīhébì	IE	Chinese and Western (styles) combined
5	近代	jìndài	N	modern times
6	博物馆	bówùguǎn	N	museum
7	纪录片	jìlùpiàn	N	documentary film
8	眼光	yǎnguāng	N	eye, sight
9	按照	ànzhào	Prep	according to
10	标准	biāozhǔn	N/A	standard, criterion, standard
11	完整	wánzhěng	A	complete
12	金融	jīnróng	N/A	finance, financial
13	陈列	chénliè	V	to display, to exhibit
14	货币	huòbì	N	currency
15	展示	zhǎnshì	V	to display
16	发展	fāzhǎn	N	development
17	历程	lìchéng	N	course, process
18	仿佛	fǎngfú	Adv	be alike, as if
19	年代	niándài	N	a decade of a century
20	时期	shíqī	N	period
21	蜡像	làxiàng	N	waxen image, wax statue
22	反映	fǎnyìng	V	to reflect
23	营业	yíngyè	V	to do business
24	场景	chǎngjǐng	N	scene
25	充当	chōngdāng	V	to act as
26	员	yuán	N/Suf	member, a person engaged in some field of activity

 **专有名词**

1	张氏帅府	Zhāngshì Shuàifǔ	Marshal Zhang's Mansion
2	罗马	Luómǎ	Roman
3	北欧	Běi Ōu	Northern Europe
4	东洋	Dōngyáng	Japan
5	张作霖	Zhāng Zuòlín	Zhang Zuolin, a famous warlord in Northeast China
6	张学良	Zhāng Xuéliáng	Zhang Xueliang, a well-know Chinese general of the 1930's
7	民国	Mínguó	Republic of China

重点词语与句式

1. 说到老房子,你听说过张氏帅府吗?

"说到"放在句首,用来引入话题。例如:
1)说到勤奋,我们谁都不如他。
2)说到旅游,我最想去非洲大草原。
3)说到明天的安排,我想听听大家的意见。

2. 虽然我有点儿看不懂那个纪录片,但是我记得他是个很帅的男人。

"虽然"用在转折复句的前一分句表示让步,承认或肯定某种事实,后一分句表示转折,常有"但是、可是、然而、不过、还是"等词语呼应。可用于主语前。例如:
1)虽然我在沈阳只生活了一年,但是我对这座城市还是很有感情的。
2)虽然事情已经过去了很多年,但是他却记得很清楚。
3)虽然他身体不好,但还是坚持工作。

3. 虽然那个纪录片我有点儿看不懂,但是我记得他是个很帅的男人。

"有点儿"表示程度不高,稍微,略微。多用于说话人觉得不满意的事情。例如:
1)女儿第一次出国,妈妈有点儿不放心。
2)我今天有点儿不舒服,请替我向老师请假。
3)这件事情有点儿复杂,见面的时候我跟你详细说说。

比较"一点儿"和"有点儿"

"有点儿"＋形容词/动词

1)这件衣服有点儿贵。

2)他今天有点儿不高兴。

形容词＋"（一）点儿"

3)请你说得慢（一）点儿。

4)这件衣服比那件贵了（一）点儿。

动词＋"（一）点儿"＋名词

5)他今天买了（一）点儿苹果。

6)你随便吃（一）点儿吧。

另外，在表示强调的时候，用"一点儿……也……"。例如：

7)我今天一点儿时间也没有。

8)我的房间一点儿也不脏。

4. 耳听为虚，眼见为实。

"耳听为虚，眼见为实"，习惯用语，表示耳朵听到的不一定是事实，而亲眼看到的往往比耳朵听到的更可靠。强调亲眼看到的总是比较真实可靠。例如：

1)耳听为虚，眼见为实，你的藏书果然很多。

2)俗话说"耳听为虚，眼见为实"，网上买东西还是有风险的。

5. 有空的话，你陪我去一趟，好吗？

"……的话"用在假设小句的句尾，可以跟连词"如果""假如""要是"等合用。表假设的小句有时也可以放在后边。例如：

1)可以陪我一起逛街吗，如果你明天有空的话。

2)如果可以的话，请帮我买一袋方便面。

3)如果你有事不能参加的话，请打电话告诉我。

6. 有空的话，你陪我去一趟，好吗？

动量词"一趟"用在动词谓语后面做补语，表示动作的次数。类似的词还有"一次""两遍"等。例如：

1)这本书我看了两遍。

2)你病得很严重，明天去一趟医院吧。

3)我去过一次中国，那是个历史很悠久的国家。

7. 说走就走，我现在就有空！

"说……就……"表示动作、状态在很短的时间内将要发生或出现，有时也表示态度坚决。常用于口语。例如：

1)这雨说下就下了，我还没来得及收衣服。

2）她脾气很急，总是说生气就生气。

3）我说不去就不去，谁劝我都不去。

 练习

一、请用"（一）点儿"和"有点儿"填空

1. 她晚上一个人在家，_____害怕。

2. 你买的这件衣服稍微_____贵。

3. 他一米七四，我一米七二，他比我高_____。

4. 这个字写得小了_____。

5. 虽然他工作了一天，但是他_____也不累。

6. 现在还有很多时间，请你开得慢_____。

二、根据拼音写汉字

1. 我想吃印度菜，你有哪家饭馆可以 tuījiàn（   ）吗？

2. 你真有 yǎnguāng（   ），这款照相机非常受欢迎。

3. Ànzhào（   ）学校的规定，不能在学校宿舍内饲养小动物。

4. 这部电影，我想 wánzhěng（   ）地看一遍。

5. 看到这种情景，我 fǎngfú（   ）回到了十年前。

三、根据对话内容选择正确答案

1. 张氏帅府是哪年修建的？（   ）

A. 1911   B. 1914   C. 1921

2. 下列哪座楼不属于张氏帅府？（   ）

A. 大青楼   B. 岳阳楼   C. 红楼

3. 张氏帅府的旁边是（   ）。

A. 辽宁省博物馆   B. 工业博物馆   C. 金融博物馆

四、回答问题

1. 张氏帅府的建筑有什么特色？

2. 张氏帅府的主人是谁？

3. 请介绍一下金融博物馆。

旅游文化扩展阅读

帅府往事

在和故宫一路之隔的地方，有处别致幽静、风格各异的建筑群，这里便是张氏帅府，又称"大帅府"，是张作霖的私人住宅。1916年竣工（jùngōng completion）时，张作霖升任奉天的督军兼省长，所以这里也就成了当年东北地区的政治中心。作为一个百年老宅，除了东北易帜、杨常事件、九一八事变这些众所周知（zhòngsuǒzhōuzhī as everyone knows）的历史事件之外，张氏帅府也发生过一些鲜为人知（xiǎnwéirénzhī rarely known by people）的有趣故事。

"严纪门"的故事

有一年夏天天气特别热，帅府正门两侧站岗的卫兵暑热难耐，正好有一个卖冰棍的大妈经过，于是一个卫兵就从大妈那里要了二十多根冰棍，并说好先把冰棍拿进院内分给大家，马上就回来送钱。卖冰棍的大妈在大门外等了很久也不见那个卫兵出来，于是便生气地站在大门口冲院内高喊："张家卫兵吃完冰棍为啥不给钱？快给我钱！"

大妈这么一喊，吵醒了正在午睡的张作霖。张作霖了解情况后，十分不快地对身边一个侍官说到："到底是哪个吃了人家的冰棍不给钱，你去集合所有卫兵，让大妈认一认到底是谁，如果认出是谁就捆在门楼上剖腹找冰棍。"张作霖一声令下所有的卫兵都在院子里集中起来，那个买冰棍没给钱的卫兵被卖冰棍的大妈认出来了。侍官将他捆在大门的右门楼上，拿起刺刀要刺向那个卫兵。卖冰棍的大妈见到吓得连连说："别刺了，别刺了，钱不要了！"说完便跑得无影无踪。后来有人便把捆那个卫兵的门楼叫"严纪门"。这件事成为当时张作霖治兵的一个"凄美之谈"。

"教子门"的故事

张学森是张作霖的第五个儿子，他从小十分淘气。八九岁时他见父亲、家中大人及客人每次从仪门走过，仪门的卫兵总是立正敬礼。他觉得好玩，就在仪门那儿来回跑。开始卫兵还给他立正敬礼，但时间长了卫兵们就不理小学森了。一日，小学森故意将卫兵的枪碰倒了，枪刺把他的脚面划破点皮儿。小学森耍赖骂卫兵，没想到惊动了父亲。张作霖问明情况后气得脱下军鞋，将小学森摁倒在仪门的地上，当着卫兵的面狠狠地用鞋底抽了他一顿，并当场让他给卫兵道歉。小学森从来没有挨过父亲的打骂，于是大哭不止。张作霖见儿子倔强不听话，就继续打他，直到小学森给卫兵行礼道歉，并保证今后不再耍赖无礼时，张作霖才饶过他。因为张作霖教子严格、不袒护，后来有人也称仪门为"教子门"。

"老虎厅"的故事

"老虎厅"位于大青楼一楼东北角，因存放两只老虎标本而得名。

张作霖十分喜爱老虎，特别是东北虎，因为当年张作霖带兵打仗时被人称为"东北虎"，他本人也常常以此为荣。有史料记载，就任"安国军总司令"不久，张作霖就带领30余人的卫队深入辽东东部深山猎虎。在当地猎人的引导下，他们在长白山余脉一个叫虎啸山的山洞中寻觅到东北虎的踪迹。张作霖和士兵们饥肠辘辘（jīchánglùlù hungry）地苦等大半天终于等到了一只东北虎。正当这只东北虎走进射程之内，士兵们准备开枪的时候，张作霖却突然命令所有的士兵将一触即发的猎枪收起来，并放虎归山，然后率队匆匆离开了。当时士兵们大惑不解，后来有人猜他当时可能想到自己也是"东北虎"，杀掉东北虎就等于杀掉了自己。还有人猜他在举枪的瞬间，面对万兽之王动了恻隐之心。但这些仅仅是猜测，他自己后来也从未提及捕猎老虎这件事，因此这件事已经成为了一个永远的谜。

张作霖和东北虎标本

后来，军政名人汤玉麟得知张作霖喜欢东北虎，就特意从长白山猎户手中购买了两张完好无损（wánhǎo wúsǔn intact）的东北虎虎皮，并让专家做成两只虎标本，赠送给他。张作霖十分喜欢这两个东北虎标本，将它们置放在大青楼第三会客厅内，并高兴地与东北虎标本合影留念。如今，走进老虎厅，已经看不到当年那两只猛虎的标本，但是那张合影还依然挂在墙上。

根据短文内容回答问题

1. 张氏帅府曾经发生过哪些有名的历史事件？
2. 从严纪门的故事里，我们可以看出张作霖是个怎样的人？
3. 教子门的故事里，提到的是张作霖的第几个儿子？
4. 为什么张作霖最后没有射杀东北虎？

 ## 文化交流

请在参观完大帅府之后，设计一条参观线路图，并介绍给你的朋友。

参考词语与句式
风格　虽然……但是　按照　仿佛　年代

 旅游信息小贴士

张氏帅府

门　　票:60元/人

开放时间:5月1日至10月15日

　　　　　08:30—17:30

　　　　　10月16日至4月30日

　　　　　08:30—17:30

地　　址:沈阳市沈河区朝阳街少帅府巷48号

交通信息:乘坐105、113、117、118/133路公交车到"大南门车站"下车即是。

建议参观时间:2小时

沈阳金融博物馆

门　　票:30元/人

开放时间:5月1日至10月15日

　　　　　08:30—17:30

　　　　　10月16日至4月30日

　　　　　08:30—17:30

地　　址:沈阳市沈河区朝阳街240号

交通信息:乘坐105、113、117、118/133路公交车到"大南门车站"下车即是。

建议参观时间:2小时

旅游口语小贴士

Zhè gè jiàn zhù yǒu duō shǎo nián le 这 个 建 筑 有 多 少 年 了?	How old is this building?
Qù Zhāng shì shuài fǔ 去 张 氏 帅 府。	I'm going to the Marshal Zhang's Mansion.
Sì diǎn néng dào ma 四 点 能 到 吗?	Can we arrive by 4 o'clock?
Duì bù qǐ qǐng shuō màn yì diǎnr 对 不 起, 请 说 慢 一 点 儿。	Sorry, please speak slowly.
Wǒ néng zài zhèr xī yān ma 我 能 在 这 儿 吸 烟 吗?	May I smoke here?

文明巡礼
——辽宁省博物馆

林浩：大卫，听说你前几天去参观了铸造博物馆，感觉怎么样？

大卫：真是棒极了。那里保存着当年工人劳动的场景，好像工人们刚刚离开一样。在博物馆里，我觉得自己看到了上个世纪的沈阳。以后，我要经常去博物馆转转。它们可以帮助我更好地了解沈阳，认识中国。

林浩：看来你对博物馆的兴趣很浓厚，那我向你推荐辽宁省博物馆，那里也非常棒。

大卫：是吗？那里的文物很多吗？

林浩：辽宁省博物馆成立于1949年，是新中国第一座博物馆。那里的文物特别多，大约有十多万件，包括玉器、书画、瓷器、甲骨、钱币等。

大卫：这么多啊，我一天可能看不完吧。

林浩：没关系，那就看你最感兴趣，也最有代表性的吧。

大卫：我最感兴趣的是中国玉器。我听中国人说过这样一句话，"谦谦君子，温润如玉"。中国人好像特别喜欢玉。

林浩：从古至今，中国人都很喜欢玉。因为玉圆润、含蓄，所以中国人把有修养、有智慧的人比喻成玉。

大卫：在辽博，最有名的玉器是什么？

林浩：那当然是"C字形"玉龙了。

大卫："C字形"玉龙。我明白玉龙的意思，就是玉做的龙，什么是"C字形"？

林浩：就是说这个龙的形状和英文字母的"C"十分相似。你可不要小瞧这块玉，它距今有五六千年，被称为"中华第一龙"。还有一块与它同时期的龙形

"C字形"玉龙

玉器,因为形状类似一个肥头大耳,嘴巴突起的猪,因此叫玉猪龙。这两件文物非常值得一看,在世界上都是绝无仅有的。

大卫:除了玉器之外,你还有什么推荐吗?

林浩:当然有!辽博的特色收藏就是古代钱币。你可以一口气看到两千余件展品,了解中国不同朝代的钱币。

大卫:这么多钱币!真是太难得了。

林浩:没错。从贝币到青铜币,从金属钱币到纸币,真是应有尽有。看了展品,你就明白,为什么中国人把钱叫"孔方兄"了。

大卫:听你这么一说,我现在就去参观一下。

林浩:你可真是急性子,星期一是博物馆休息日,你明天再去吧。

玉猪龙

词语

1	参观	cānguān	V	to visit, to look around
2	棒	bàng	A	strong, excellent, good
3	刚	gāng	Adv	just
4	世纪	shìjì	N	century
5	经常	jīngcháng	Adv	often, regularly, frequently
6	浓厚	nónghòu	A	strong, dense, thick
7	玉器	yùqì	N	jade article, jade object, jade ware
8	瓷器	cíqì	N	chinaware, China, porcelain
9	甲骨	jiǎgǔ	N	oracle bone
10	谦谦君子,温润如玉	qiānqiān jūnzǐ wēnrùn rú yǔ	IE	A prudent gentleman of a disposition as graceful as the lustre of jade
11	圆润	yuánrùn	A	smooth and moisten
12	含蓄	hánxù	A	contain, embody, implicit, veiled
13	修养	xiūyǎng	N	accomplishment, self-cultivation
14	比喻	bǐyù	V	to metaphor
15	龙	lóng	N	dragon
16	小瞧	xiǎoqiáo	V	to disdain
17	距今	jùjīn	VO	before present
18	肥头大耳	féitóu dà'ěr	IE	a large head and big ears

19	绝无仅有	juéwújǐnyǒu	IE	unique
20	钱币	qiánbì	N	coin
21	展品	zhǎnpǐn	N	exhibit
22	急性子	jíxìngzi	A/N	an impetuous person

专有名词

1	铸造博物馆	Zhùzào Bówùguǎn	The Foundry Museum
2	贝币	Bèibì	Shell Money
3	青铜	Qīngtóng	bronze
4	孔方兄	Kǒng Fāngxiōng	money

重点词语与句式

1. 以后，我要经常去博物馆转转。

"以后"，时间名词，比现在或某一时间晚的时间。例如：
1)这个问题以后再解决吧。
2)五分钟以后，我们就开饭。
3)离开中国以后，他又去了美国。

比较"以后"与"后来"

	以后	后来
时间	可以指过去。 一个月以后，他就去了学校。 可以指将来。 到北京以后，记得给我打电话。	只可指过去。 我们三月见过一次，后来就没有再见。
单独使用	不可单独使用，必须与时间词组合。 三年以后、一周以后	可以单独使用。 后来，我们又去了超市。

2. 看来你对博物馆兴趣浓厚。

"看来",插入语,表示对客观情况的估计。例如:

1)看来他最近不会有时间。

2)看来今天会下雨。

3)看来他这次考试不太顺利。

3. 它距今有五六千年。

"五六千年",概数的表示法,包括如下几种常用方式。

其一,两个相邻的数词连用。两个数词可以为连续的,也可以不连续。例如:八九岁、十五六个、三五天。

数词连用时,"九"和"十"不可放在一起。

其二,数词后加上表示概数的词语,主要有"多""来""余""左右""上下"等。

数词(以 0 结尾,如 10、100、2000 等)+"来""余""多"……+量词

例如:三百来斤、两千余米、三十多年。

数词(以 1、2、3……9 结尾及 10)+量词+"来""余""多"……+名词

例如:六斤多肉、七米余路。

4. 辽博的特色收藏就是古代钱币。

"辽博",为"辽宁省博物馆"的缩略语。

缩略语是将较长的全称缩减,再按原来顺序组合。主要方式有四种。

其一,取中心词。例如:

1)教育部——中华人民共和国教育部

2)总工会——中华全国总工公

其二,修饰成分加上中心词。例如:

3)中小学生——中学生、小学生

4)中青年——中年、青年

其三,取短语中名词的第一个语素。例如:

5)初中——初级中学

6)地铁——地下铁路

7)北大——北京大学

其四,用数字概括。例如:

8)四季——春季、夏季、秋季、冬季

9)东北三省——辽宁省、吉林省、黑龙江省

5. 你可以一口气看到 2400 余件展品,了解中国不同朝代的钱币。

"一口气",副词,不间断地做一件事。例如:

1)他一口气喝了一瓶可乐。

2)我们一口气看了三部中国电影。

3)他一口气跑上七楼。

 练习

一、用所给词语完成句子

1. 最近,他经常早上去公园跑步。(经常)
(1) 新学期开始后,_____。
(2) 在故宫里,你_____。
2. 学习中文以后,我对中国的了解更多了。(以后)
(1) _____,汉语口语得到了很大提高。
(2) _____,已经三个月没跟妈妈联系了。
3. 他一口气看完了三十集电视剧。(一口气)
(1) 今天的饺子太好吃了,_____。
(2) 为了锻炼身体,他_____。

二、根据拼音写汉字

1. 去辽宁省博物馆 cānguān(　　　　　　　),你要注意时间,那里周一休息。
2. 在中国的博物馆中,你总是能看到各种 yùqì(　　　　　　　)。
3. 辽博里展出的玉猪龙 jùjīn(　　　　　　)有两千多年了。
4. 长城在地球上是 juéwújǐnyǒu(　　　　　　　)的建筑奇迹。
5. 他是个 jíxìngzi(　　　　　　　),不可能带你一起去。

三、根据对话内容选择正确答案

1. 除了辽宁省博物馆,大卫还去过(　　　　　)。
   A. 国家博物馆　　　　　　B. 铸造博物馆　　　　　　C. 机械博物馆
2. 中国人为什么喜欢玉?(　　　　)
   A. 君子的品质　　　　　　B. 很贵　　　　　　C. 时尚
3. "孔方兄"的意思是(　　　　)。
   A. 姓孔的兄弟　　　　　　B. 姓方的兄弟　　　　　　C. 钱

四、回答问题

1. 中国人眼中的"君子"是什么样的?
2. 介绍一下你所了解的辽宁省博物馆?
3. 在中国,你参观过哪些博物馆?

旅游文化扩展阅读

辽宁省博物馆重要展品一览

类别	展品	图片
书画	簪(zān)花 仕女图 唐朝	（上图：簪花仕女图） "簪花"指中国古代女子戴在头上的发饰。画中描写的是唐朝贵族妇女的日常生活。 图中有五位贵族妇女和一位拿着扇子的女侍者。这些妇女有的在思考，有的在戏犬，有的在捕捉蝴蝶。她们每个人都身材丰满，脸庞圆润，衣服肥大，头上还戴着各种簪花。
	怒容钟馗(kuí) 清朝	（左图：钟馗像）"钟馗"，中国民间传说中能捉鬼的神，也是中国唯一的万应之神。要福得福，要财得财，有求必应。 这幅画里的钟馗，两眼有神，胡子竖起，右手指向画外，左脚前踏。衣纹飞扬，线条勾勒柔中带刚。
青铜	燕王职戈(gē) 战国晚期	（左图：戈）"戈"，古代的一种兵器，横向，用青铜或铁制成，装有长柄。本展品长 27.2 厘米，形体大，中部有隆起的脊(jǐ)。内侧有文字。
	迦(jiā)陵(líng) 频(pín)伽(qié) 纹镜 辽	（左图：铜镜）镜子为圆形，镜心有孔，背面铸突起的迦陵频伽纹，"迦陵频伽"意义是美妙的声音。

类别	展品	图片
陶器	三彩骑马俑 唐	"唐三彩",指中国唐代陶器上的上色,主要以黄、绿、白三色为主。此展品为一武士双手拿兵器,站立于马上,不怒自威。马微微回头,好像在等候命令。马的身体雄奇、匀称。
牙雕	象牙球 清朝	象牙球由 10 块象牙球组成。顶部的象牙球从外至内共有 23 层游动的同心球,象牙球下面的台座由 1 个小盘、1 个笼罩、1 个小球、4 根小柱、1 根大柱和 1 个四足座组成。全器构思巧妙,技艺精湛。

 **文化交流**

博物馆是对一个国家历史的记录。在博物馆中,我们可以看到不同时代的人不同的生活内容和生活方式。你们国家有哪些著名的博物馆?这些博物馆中又有什么独具特色的展品?

参考词语与句式
参观　以后　推荐　距今　世纪　展品

旅游文化小贴士

沈阳主要博物馆一览

馆　名	地　址	咨询电话
辽宁省博物馆	沈阳市沈河区市府大路 363 号	(024)22741193
辽宁省科学技术馆	沈阳市浑南区智慧三街 159 号	(024)85736666
沈阳新乐遗址博物馆	沈阳市皇姑区黄河北大街龙山路 1 号	(024)86130755
辽宁古生物博物馆	沈阳市皇姑区黄河大街 253 号	(024)86591170
沈阳"九一八"历史博物馆	沈阳市大东区望花南街 46 号	(024)88338981
辽宁省近现代史博物馆	沈阳市皇姑区陵北街 1 号	(024)24842454
周恩来少年读书旧址纪念馆	沈阳市大东区东顺城街育才巷 12 号	(024)62437003
中共满洲省委旧址纪念馆	沈阳市和平区皇寺路福安巷 3 号	(024)22724485
中国沈阳工业博物馆	沈阳市铁西区卫工北街 4 号	(024)25702088
沈飞航空博览园	沈阳市皇姑区陵北街 1 号	(024)86599602
中国铸造博物馆	沈阳市铁西区卫工北街 14 号	(024)25719599
沈阳铁路陈列馆	沈阳市苏家屯区山丹街 8 号	(024)62077705
沈阳金融博物馆	沈阳市沈河区朝阳街少帅府巷 48 号	(024)24867711
沈阳城市规划展示馆	沈阳市沈河区五爱街 156 号	(024)31378969
工人村生活馆	沈阳市铁西区赞工街 2 号	(024)88766575
老龙口酒博物馆	沈阳市大东区珠林路 1 号	(024)88503882

旅游口语小贴士

Qǐng ràng wǒ kànkan zhèxiē lǐngdài hǎo ma 请 让 我 看看 这些 领带 好 吗？	May I see these ties?
Tāmen shì zhēnpǐn ma 它们 是 真品 吗？	Are they genuine?
Zhège hěn piàoliang wǒ yào yí duì 这个 很 漂亮，我 要 一 对。	It's attractive. I'll take a pair.
Nǐ néng tì wǒ bǎ huāpíng bāozhuāng hǎo jì 你 能 替 我 把 花瓶 包 装 好 寄 wǎng niǔyuē ma 往 纽约 吗？	Can you pack the vases and send them to New York by mail for me?
Láojià nǎ céng mài jìniànpǐn 劳驾，哪 层 卖 纪念品？	Excuse me, which floor has souvenirs?

雪之都

 会话

大　卫：哇，外面下了好大的雪啊！这可是我第一次看到雪，真是太让人兴奋了！

索菲亚：我早晨起来的时候，发现外面到处都堆满了白雪，尤其是树上的树挂，看起来漂亮极了！

朴敏智：是啊，简直就是白色的世界！刚才我在雪地上留下了一串脚印，还堆了一个小雪人，戴着一顶红帽子，就像圣诞老人一样！

大　卫：圣诞老人？他送给你什么礼物了？

朴敏智：他送给我几个雪团。让我在打雪仗的时候战胜你！

棋盘山冰雪大世界

大　卫：是吗？太好了，我正好想要去打雪仗呢，我们比一比谁更厉害！

索菲亚：可是我想去滑雪，你们知道什么地方可以滑雪吗？

朴敏智：我有个好主意，这个星期天我们去棋盘山吧，可以满足我们所有的愿望。

大　卫：这么冷的天，去棋盘山的人一定很少吧。

朴敏智：不用担心，那里正好举办"沈阳国际冰雪节"，游客很多。那里不仅有滑雪场，还有冰雕、雪雕展览和冰上娱乐项目。对了，听说还有冬泳比赛呢，一定很有意思。

大　卫：冬泳？听着都觉得冷。人们为什么要在冬天游泳？

朴敏智：因为在冬天游泳可以提高身体的免疫力，常年坚持冬泳对身体是很有好处的。现在很多七八十岁的老人也经常参加这类运动呢。

大　卫：真的吗？他们太厉害了！有机会的话，我也去试试。

索菲亚：大卫，你以前没有练习过冬泳，我怕你会变成冰雕……

大　卫：那太好了。如果我变成冰雕，你要给我多拍些照片，作为明信片送给我的朋友们，顺便祝他们圣诞快乐！

朴敏智：真是个好主意！能不能送给我一张？

大　卫：当然可以！你能喜欢我太高兴了！

词语

1	到处	dàochù	N	at all places, everywhere
2	堆	duī	V	to pile up, to heap up
3	尤其	yóuqí	Adv	especially, particularly
4	树挂	shùguà	N	rime, hanging tree
5	简直	jiǎnzhí	Adv	simply
6	串	chuàn	M	string, bunch
7	战胜	zhànshèng	V	to defeat, to overcome
8	正好	zhènghǎo	Adv	just in time, just right
9	滑雪	huáxuě	V	to ski
10	冰雕	bīngdiāo	N	ice sculpture
11	雪雕	xuědiāo	N	snow sculpture
12	展览	zhǎnlǎn	N	exhibition
13	娱乐	yúlè	N	amusement
14	项目	xiàngmù	N	item
15	冬泳	dōngyǒng	N	winter swimming
16	提高	tígāo	V	to raise, to heighten, to enhance
17	免疫力	miǎnyìlì	N	immunity
18	坚持	jiānchí	V	to persist in, to insist on
19	类	lèi	N/M	kind, class, category
20	明信片	míngxìnpiàn	N	postcard

专有名词

| 1 | 棋盘山 | Qípán Shān | Chessboard Hill |
| 2 | 沈阳国际冰雪节 | Shěnyáng Guójì Bīngxuě Jié | The Shenyang International ice and Snow Festival |

重点词语与句式

1. 我早晨起来的时候,发现外面到处都堆满了白雪,尤其是树上的树挂,看上去漂亮极了!

"动词＋满"形容充实,达到了容量的极点。例如:

1)屋子里坐满了人。

2)杯里装满了酒。

3)包里装满了书。

2. 我早晨起来的时候,发现外面到处都堆满了白雪,尤其是树上的树挂,看上去漂亮极了!

"尤其"表示在与其他事物比较时特别突出,更进一步。一般用在句子的后一部分。

1)他喜欢画画,尤其喜欢国画。

2)我爱吃水果,尤其是苹果。

3)北方风沙很大,尤其在春天。

3. 是啊,简直就是白色的世界!

"简直",副词,强调完全是这样或者差不多是这样,多用于夸张的语气。表示事物或状态达到的程度非常高。与"像……一样""连……也"等词语搭配使用。例如:

1)今年夏天简直热死人了。

2)你和你妈妈长得简直太像了。

3)这幅画画得简直跟真的一样。

4)她怕得简直连一句话也说不出来了。

4. 刚才我在雪地上留下了一串脚印,还堆了一个小雪人,戴着一顶红帽子,就像圣诞老人一样!

"动词＋下"表示使动作的结果固定下来。例如:

1)记者拍下了这个珍贵的镜头。

2)你给我留下了深刻的印象。

3)丰富的实习经历,为他找到满意的工作打下了良好的基础。

5. 太好了,我正好想要去打雪仗呢!

"正好",副词,作状语,表示时间、数量、位置、情况、机会等的巧合,"正好"也可放在主语前边。例如:

1)这件衣服正好是中号,我穿起来很合适。

2）这种药正好治你的头疼病。

3）我们刚到公共汽车站，正好来了一辆车。

6. 那里不仅有滑雪场，还有冰雕、雪雕展览和冰上娱乐项目。

前一分句指出并承认由"不仅"引出的意思，同时表示除此以外，还有比这更进一层的意思。后一分句常有连词"而且、并且"或副词"也、还"等配合使用。例如：

1）这部电影不但年轻人喜欢，老人和孩子也喜欢。

2）老年人不仅要注意锻炼身体，还要注意保持心情愉快。

3）他不仅会说英语，而且会说汉语。

7. 如果我变成冰雕，你要给我多拍些照片，作为明信片送给我的朋友们。

"多"形容词，可用在动词前后，做状语或补语，表示在数量上有所增加或超出。例如：

1）我今天喝酒喝多了，有点儿头疼。

2）您多找了我一块钱。

3）我们难得见面，你多住几天再走吧。

 练习

一、用所给词语回答下列问题

1. 简直

1）你朋友汉语说得怎么样？

2）你觉得杭州西湖怎么样？

3）你听得懂沈阳话吗？

4）他跑得快吗？

5）你一天没吃东西了，不饿吗？

2. 正好

1）他的体重是多少？

2）你今天早晨迟到了吗？

3）那本书你买到了吗？

4）你去找小王的时候他在干什么呢？

5）你昨天被雨淋到了吗？

二、根据拼音写汉字

1. 沈阳世博园里的玫瑰园 dàochù（　　　　　　）是鲜艳的玫瑰花。
2. 他赢得了比赛，所有人都很高兴，yóuqí（　　　　　　）是他的妈妈。
3. 你要带什么东西吗？我 zhènghǎo（　　　　　　）要去超市。
4. 要 tígāo（　　　　　　）汉语水平，就必须多说多练。
5. 为了锻炼身体，他每天 jiānchí（　　　　　　）走路去学校。

三、根据对话内容选择正确答案

1. "沈阳国际冰雪节"在哪儿举办？（　　　　　）
A. 棋盘山　　　　　　　B. 凤凰山　　　　　　　C. 关门山
2. "沈阳国际冰雪节"没有下列哪项展览？（　　　　　）
A. 冰雕展览　　　　　　B. 摄影展览　　　　　　C. 雪雕展览
3. 人们为什么在冬天游泳？（　　　　　）
A. 为了锻炼身体　　　　B. 为了向别人炫耀　　　C. 为了参加比赛

四、回答问题

1. 朴敏智星期天有什么打算？
2. "沈阳国际冰雪节"都有什么娱乐项目？
3. 老人能参加冬泳吗？

 旅游文化扩展阅读

盛京八景

名称	简介
第一景　天柱排青 	天柱山，旧址在沈阳市福陵内，俗称"石嘴山"，元明两代被称为"东牟山"，为了修建清太祖努尔哈赤的陵墓，改名为"天柱山"。天柱，代表了古代神话中的擎天之柱（qíngtiānzhīzhù skyscraper）。努尔哈赤把福陵内的山命名为"天柱山"，是希望自己能够成为国家的擎天之柱，永保江山稳固。 在福陵的天柱山上，满山遍野的擎天古松，营造出了皇家陵寝庄严肃穆的氛围。从山下仰望皇陵，金碧辉煌的殿堂掩映在苍郁的古松之中，依稀可感当年清太祖的雄风。

名称	简介
第二景 辉山晴雪 	辉山位于沈阳市东陵区,早在清代就已经是闻名遐迩(wénmíng xiáěr famous)的旅游胜地了。 关于"辉山晴雪"的来历,流传着一个生动的故事。据说有一年冬天,清太宗皇太极到辉山打猎,因为天色已晚就留宿在山上。第二天一早起来,看到前面数座山峰,连绵起伏,其中有一座山的山头白雪皑皑,太阳照在上面银光夺目。于是皇太极诗兴大发,作诗一首:"出京行围驻马蹄,辉山晴雪惹人迷。顶天立地英雄业,亘古男儿皇太极。"从此,"辉山晴雪"便成为盛京美景,流传后世。
第三景 浑河晚渡 	浑河晚渡旧址位于沈阳市西南部,浑河北岸,在明清时期曾为沟通沈阳南北的重要渡口(dùkǒu ferry),也就是如今的罗士圈生态公园。 相传古时浑河两岸南高北低,木船由南摆渡(bǎidù ferry)到北岸,岸边一片稀泥,无法卸货。努尔哈赤进盛京后,在这里养了一群骆驼,用骆驼传送来往的货物,于是这里就有了一群养骆驼的人家。这个村子被人们叫做"骆驼圈",后来被人们叫白了,叫成了"罗士圈"。 当时著名的诗人、书画家戴梓,曾写了一首《浑河晚渡》的诗:"暮山衔落日,野色动高秋。鸟飞空林外,人来古渡头。微风飘短发,纤月傍轻舟。十里城南望,钟声咽戍楼。" 这首诗有如一幅清新淡雅的水墨画,把三百多年前的黄昏后,浑河渡口的风貌展现在我们面前。"浑河晚渡"由此得名。
第四景 塔湾夕照 	无垢净光舍利塔建于1044年,位于沈阳市皇姑区塔湾。 相传在古时,沈阳城时常闹天灾,百姓们的生活不得安宁。一次风灾来袭,狂风连刮了七个日夜,以至河水断流、庄稼绝收。一位僧人看到这种情况就说:"这是天上的黄龙下凡到了人间,想要去除灾难,首先要制服黄龙。"于是城里居民恳求僧人留下,施法制服黄龙。僧人先是四处观察了沈阳的地势,确认了龙头的位置。然后带着他的两个徒弟做法赶走了黄龙。为了彻底镇住黄龙,人们就按照僧人指点在指定的龙头位置建起了一座宝塔,这就是后来的塔湾舍利塔。 清朝乾隆皇帝东巡盛京时看到此处山水环绕处高高耸立着一座土塔,每当夕阳西下的时候,塔倒映在水波之中,于是作诗一首:"塔湾晚照夕阳霞,路暗堤深树集鸦。烟带远岗村处处,户照明月夜家家。"用来形容此处的美景。
第五景 柳塘避暑 	万柳塘位于沈阳古城区东南部,原系浑河故道遗留下来的湿地,因四周生长着郁郁葱葱的柳林,因此得名"万柳塘"。清朝嘉庆年间的诗人张祥河,曾经用"夹道浓荫直到城"的诗句赞美万柳塘,可见当时万柳塘柳树的繁茂。在暑热难耐的盛夏,这里凉风习习,绿树遮阴,是当年有名的避暑圣地。

名称	简介
第六景　花泊观莲 	说起赏荷,沈阳曾经有一个著名的地方,其也名列盛京八景——花泊观莲。 清朝时期,此地有一大型天然水池名为莲花泊,又称沙河子,位于沈阳的北部。这里曾是一条古河道,是浑河当年的城内河道。随着历史的变迁,逐渐消失。清代诗人缪翰林的《花泊观莲》里曾写道:"盈盈青草泊,冉冉红莲长。城远空尘嚣,溪清入幽赏。花开五六月,游纵日来往。载酒移菱舟,冲波荡兰桨。榜人预一声,举头烟月上。"如今,我们只有在诗里感受当年莲花泊的风光无限了。
第七景　皇寺鸣钟 	皇寺,是清政府在东北地区建立的第一座藏传佛教寺院,也是盛京最大的喇嘛教(lǎmajiào lamaism)寺院,因是清太宗皇太极所建,故而又被称为"皇寺",全名为莲花净土实胜寺,位于沈阳北市场附近。 民国初年,实胜寺的钟楼内曾经挂有一口重达千斤的铸铁钟,寺内喇嘛每日按时敲钟报时,钟声浑厚悠扬,全城的人都能够听到。伴着钟声,人们晨起迎朝霞,傍晚送夕阳,自有一种怡然自得的感觉。清代著名诗人缪润绂有一首诗:"五更起钟声,鲸吼宵沉沉,城市日渐高,何来风中音,梵宇号实胜,静向西关寻,希声度高树,殿阁凌绿荫。岂须逢空山,洗我名利心。"说的就是这"皇寺钟声"。
第八景　万泉垂钓 	"闲步河边暮景幽,遥看洗马似汀洲。钓杆舞处莲花动,万井清泉石上流。"这首诗说的就是在沈阳万泉公园的一处动人景观——万泉垂钓。 相传在1906年,一位姓沈的绅士在这里修建了一座私家花园——也园,后来又改称为万泉园。1913年,万泉公园被东北三省官银号接管,并开始了大规模的整修、扩建。栽种了各种各样的花草树木,修假山、建凉亭,铺碎石小路,这里逐渐成为许多游人观光之地。每逢盛夏,这里杨柳摇风,碧波荡漾,"万泉垂钓"成为盛京八景之一。

根据短文内容回答问题

1. "盛京八景"指的是哪些景色?
2. "罗士圈"因什么动物而得名?
3. 人们为什么要修建"无垢净光舍利"?
4. "皇寺"指的是哪一座寺庙?

084

 文化交流

请向大家介绍一下你们国家的一座名山。

参考词语与句式
到处　　尤其　　简直　　正好　　不仅……还

 旅游信息小贴士

辉山风景区

门　　票：免费

开放时间：全天

景点简介：景区由辉山、棋盘山、大洋山、石人山四山组成，形成绵延起伏七十多平方公里的茂密林带，位于辉山风景区东北部的石人山海拔441.3米，是沈阳最高峰。

辉山晴雪、棋盘远眺、向阳红叶、龟岭晓霞、飞虹夕照、秀湖烟雨、芳草云天、碧塘风荷等自然景观各具特色；向阳寺、南天门、仙人洞、点将台、妈妈石、高丽城等历史遗迹与晴雪楼、望湖阁、观棋阁、鸟岛和一批度假村、宾馆等现代建筑交相辉映，构成了景区人文景观的主体。

地　　址：沈阳市东陵区

交通信息：从沈阳北站乘坐168、177路公交车即可到达。

建议游玩时间：6小时

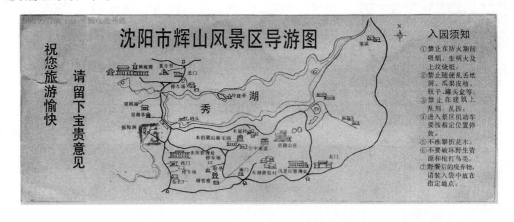

旅游口语小贴士

Jì yì zhāng míng xìn piàn duō shǎo qián 寄 一 张 明 信 片 多 少 钱 ?	How much does it cost to send a postcard?
Jì dào měi guó duō shǎo qián 寄 到 美 国 多 少 钱 ?	How much does it cost to send it to America?
Tè kuài zhuān dì děi duō shǎo qián 特 快 专 递 得 多 少 钱 ?	How much is it by express delivery ?
Shén me shí hou néng dào 什 么 时 候 能 到 ?	When will it be delivered?
Wǒ men zhèr de yóu zhèng biān mǎ shì 我 们 这 儿 的 邮 政 编 码 是 duō shǎo 多 少 ?	What is the postcode of this area?

幽默的东北话

 会话

大　卫：敏智，你下午有空儿吗？我想找你唠唠嗑。

朴敏智：什么？唠唠嗑？那是做什么？

大　卫：哈哈，这是我刚跟东北朋友学的一句东北话，意思就是聊聊天。

朴敏智：噢，原来"唠嗑"是聊天的意思。

王老师：大卫，你什么时候开始学起东北话来了？

大　卫：王老师，我最近交了一位东北朋友，他的东北话听起来很幽默。

王老师：原来是这样。中国有很多方言，比如上海话、广东话、山东话等。东北话也是
　　　　方言的一种。东北话和普通话的发音很相似，学起来比较容易。

大　卫：王老师，我觉得东北话有一些词很特别，在普通话里根本找不到。

王老师：对，中国东北有许多少数民族，比如满族就是其中之一。东北话的很多词来
　　　　源于少数民族语言，尤其是满语。

索菲亚：我知道一个。我常常听沈阳人说"埋汰"。"埋汰"就是满语吧。

王老师：看来索菲亚对东北话也很有研究呀。"埋汰"是不干净的意思，它就是一句
　　　　满语。

大　卫：还有类似的词吗？

王老师：在中国东北，大到地名，小到吃喝玩乐，都有自己的方言。要是东北人说谁
　　　　"砢碜"，那就是说这个人太丑；要是他们让你别"磨磨唧唧"，那就是觉得你做
　　　　事太慢，废话太多；要是听他们说去"卖呆"，那不是卖东西，而是去看热闹的

意思。

大　卫：幸亏您今天教了我们这些方言，要不我们真会闹出笑话了。

索菲亚：王老师，您再教我们几句东北话吧。

王老师：没问题，学习不能磨蹭，我教你们贼正宗的东北话，绝对不忽悠你们。

朴敏智：老师，你说的话我怎么一句也听不懂。

王老师：我说的是，学习不能拖拖拉拉，我现在教你们非常正宗的东北话，绝对不骗你们。"磨蹭"就是做事情动作很慢；"贼"可不是小偷的意思，而是非常、特别的意思；"忽悠"，你们在沈阳应该听到过。

朴敏智：没错，我听过。去市场买水果的时候，小贩经常说，"不忽悠你，肯定甜"。

王老师：哈哈，那就对了。"忽悠"就是欺骗的意思。他是告诉你，他不会骗你。

朴敏智：哦，原来是这个意思。今天我终于明白了。

大　卫：老师，跟你学东北话真不赖。

 词语

1	唠嗑	làokē	V	to chat, to engage in chitchat
2	幽默	yōumò	A	humor, humour
3	方言	fāngyán	N	dialect
4	来源	láiyuán	V	to come from
5	少数民族	shǎoshùmínzú	N	national minority, minority
6	满语	mǎnyǔ	N	Manchu
7	埋汰	máitai	A	dirty
8	类似	lèisì	A	likeness, propinquity, analogy, similar
9	砢碜	kēchen	A	disgraceful, ugly
10	磨磨唧唧	mòmo jīji	IE	nonsense, lightly rub
11	废话	fèihuà	N/V	superfluous words, nonsense
12	卖呆	màidāi	V	to watch the fun
13	幸亏	xìngkuī	Adv	fortunately, luckily
14	磨蹭	móceng	V	to dawdle, to move slowly
15	贼	zéi	Adv	extraordinarily, unusually, extremely
16	正宗	zhèngzōng	A	authentic
17	忽悠	hūyou	V	to fool sb
18	拖拖拉拉	tuōtuō lālā	IE	procrastination
19	小贩	xiǎofàn	N	peddler, vendor
20	欺骗	qīpiàn	V	to cheat, to deceive
21	不赖	búlài	A	good

专有名词

1	东北话	Dōngběihuà	Northeast dialect
2	满语	Mǎnyǔ	Manchu

重点词语与句式

1. 这是我刚跟一位东北朋友学的一句东北话。

"刚",副词,表示动作或事件发生在不久前。例如:

1)我刚来一会儿。

2)他刚开始学汉语。

3)他的感冒刚好。

比较"刚"与"刚才"

	刚(刚刚)	刚才
意义	事情发生不久,与"很久"相对。 刚下课他就来找你。 他刚来过,现在已经走了。	在说话之前不久的时间,与"现在"相对。 我刚才去了一下办公室。 他刚才没来这儿。
词性	副词,放在动词前。 我刚接到通知。	名词,放在主语前后,或作主语。 刚才,天阴得厉害。
否定形式	不是+刚 你不是刚吃过饭吗?	刚才+没/不 这里刚才没人来过。

2. 我常常听沈阳人说"埋汰"。

"常常",副词,表示行为、动作发生的次数多。例如:

1)他常常工作到深夜。

2)他常常需要出差。

3)外国人常常感觉汉字很难学。

比较"常常"与"往往"

	常常	往往
意义	强调动作经常出现,不一定有规律。 他常常和朋友聚会。	强调动作经常出现,且有规律。 生病时,他往往在家里休息。
条件	不需要任何条件和情况。 我常常游泳。 他常常去湖边散步。	需要明确动作的条件、情况。 一到周六晚上,他往往来我家聊天。
主观	用于主观意愿。 他希望能常常陪家人。	用于客观事实。 星期天,他往往去公园。
时间	可用于将来的事情。 以后,我一定常常来看你。	不可用于将来的事情。
否定	"不常" 我不常去图书馆。	"往往"不受否定词修饰。

3. 要是东北人说谁"砢碜",那就是说这个人太丑。

"要是",连词,表示假设、如果,后加小句。例如:
1)要是明天下雨,我们就不去公园了。
2)要是看见词典,你帮我买一本。
3)要是没有火车票,我们坐飞机可以吗?

4. 幸亏您今天教了我们这些方言,……

"幸亏",副词,由于某种有利条件而避免不良后果。一般用在主语前。例如:
1)幸亏他帮我,不然这么多东西我拿不回来了。
2)幸亏他跑得快,没有迟到。
3)我们幸亏没有走,差点儿就遇上大雨了。

5. ……要不我们真会闹出笑话了。

"要不",连词,表示两种意愿的选择,带有商量的语气。例如:
1)火车票没有了,要不我们坐汽车吧。
2)今天是周末,要不我们去看电影吧。
3)我今天有事,要不我们明天再谈吧。

练习

一、用所给词语完成对话

1. 要是你不忙,我想请您帮我复习一下功课。(要是)

(1)_____,我们明天一起去超市。
(2)明早我可以给你做早饭,_____。

2. 幸亏今天带了雨伞,要不就回不去家了。(幸亏)

(1)我差点迟到,_____。
(2)_____,要不然我一定会迷路。

3. 这两个词的用法很类似。(类似)

(1)在中国,_____ 有很多。
(2)_____ 作用很类似。

二、根据拼音写汉字

1. 他说话真 yōumò(   ),大家都喜欢和他聊天。
2. 在中国,许多地方都有自己的 fāngyán(   )。
3. 中国有五十六个 shǎoshùmínzú(   )。
4. 在沈阳,你可以吃到 zhèngzōng(   )的满族食品。
5. 虽然刚开始学汉语,但你的发音真 búlài(   )。

三、根据对话内容选择正确答案

1. 在东北话中,"唠嗑"的意思是(   )。
   A. 吃喝   B. 玩乐   C. 聊天
2. 在东北话中,"砢碜"的意思是(   )。
   A. 美丽   B. 难看   C. 石头
3. 在东北话中,"磨蹭"的意思是(   )。
   A. 动作慢   B. 话多   C. 动作快

四、回答问题

1. 东北话有什么特点?

2. 在学校里,我们说的是东北话吗?

3. 除了课文中的东北话,你还能说出哪些东北方言?

旅游文化扩展阅读

趣谈东北俗语

俗语往往是人们在日常生活中创造出来的。它们既简单又生动,受到老百姓的欢迎。东北方言中有许多形象生动,而且带有趣味性的俗语。它们像东北人一样,听上去就充满了欢乐。下面介绍一些常用的俗语,让大家感受一下东北话的魅力。

☆八字没一撇(bā zì méi yī piě):指事物尚无头绪。

例如:别听他瞎说,这件事八字没一撇呢。

☆挨剋(āikēi):受到批评、指责、训斥。

例如:那家伙挨剋多少次了,也没改了他的毛病。

☆八杆子拨拉不着(bā gānzi bōla bù zháo):互不相干,毫无联系,没关系。

例如:他说自己是我哥哥,其实我们俩八杆子拨拉不着。

☆掰扯(bāiche):说话,讲道理。

例如:他们说我成绩是假的。这件事我一定和找他们掰扯一下。

☆吃独食儿(chīdúshír):自私,好东西自己独吞。

例如:这些东西大家一起吃,我可不是吃独食的人。

☆搭把手(dābǎshǒu):协助一下。

例如:你明天搬家,我去给你搭把手。

☆打下手儿(dǎxiàshǒur):协助他人做一些辅助性的事情。

例如:我不会做饭,只能在厨房给你打下手儿。

☆对撇子(duìpiězi):合得来,对劲儿,兴趣相近。

例如:尽管这样,他俩在留学时你帮我助挺对撇子。

☆嘎腋窝儿(gǎyèwōr):腋窝。

例如:他双手满是肥皂沫,而且正忙着搓嘎腋窝儿。

☆干打雷不下雨(gān dǎléi bú xiàyǔ):形容哭声很大不掉眼泪。(多指小孩)

例如:这孩子就是那么哭,干打雷不下雨,谁也哄不好。

☆个个儿(gè gěr):自己。

例如:这么多东西我个个儿吃不完。

☆鼻子不是鼻子,脸不是脸(bízi bú shì bízi, liǎn bú shì liǎn):非常生气的样子。

例如:你看他气得,鼻子不是鼻子,脸不是脸。

☆打锛儿(dǎbènr):说话不流畅。

例如:面试时,他太紧张了,说话一直在打锛儿。

☆板板正正(bǎnbǎn zhengzheng):形容办事利索或衣物整齐。

例如:你看人家老王每天都穿得板板正正的。

☆笨笨咔咔(bènben kākā)：形容说话不流利，手脚拙笨。

例如：让你洗个菜，你看你笨笨咔咔。

根据短文内容回答问题

1."吃独食儿"是什么意思？

2."打下手儿"是什么意思？

3."个个儿"是什么意思？

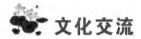 文化交流

中国有很多方言，比如上海话、广东话、山东话等。你们国家也有方言吗？向大家介绍一下你们的方言，说说和方言有关的趣事吧。

参考词语与句式
类似　方言　来源　各地　常　要是

 旅游文化小贴士

东北方言中的满语词汇

嘀咕	dígu	小声说，私下里说
旮旯	gālá	角落
蚂蛉	māling	蜻蜓
秃鲁	tūlu	断开，分开
垫吧	diànba	饿的时候少吃点
来	lǎi	撕开，坏了
稀罕	xīhan	喜欢，合意
激眼	jīyǎn	非常生气
硌硬	gèyìng	讨厌
隔路	gélù	不合群，另类
得瑟	dèse	出风头
邋遢	lātā	服装不整齐
乌涂	wūtu	不凉不热，食物不清爽
扒瞎	bāxiā	说谎

旅游口语小贴士

Wǒ gāng kāi shǐ xué hàn yǔ 我 刚 开始 学 汉语。	I've just started learning Chinese.
Duì bù qi nǐ néng shuō màn diǎnr ma 对不起,你 能 说 慢 点 儿 吗?	I'm sorry, could you speak slowly?
Wǒ tīng bù dǒng fāng yán nín néng shuō pǔ tōng huà ma 我 听 不 懂 方言,您 能 说 普 通 话 吗?	I can't understand, can you speak standard mandarin?
Hàn yǔ fā yīn tài nán le wǒ pà yǒng yuǎn yě xué bú huì 汉语 发音 太 难 了,我 怕 永 远 也 学 不 会。	Chinese pronunciation is very difficult. I'm afraid I'll never learn.
Nǐ néng bāng wǒ bǎ zhù yì shì xiàng fān yì chéng yīng 你 能 帮 我 把 注意事 项 翻 译 成 英 yǔ ma 语 吗?	Can you translate the notes into Chinese for me?

行在沈阳

会话

索菲亚：敏智，"十一"长假快到了，我打算去北京旅游。

朴敏智：好是好，就是游客一定很多。听说去北京的火车票很难买，你还是坐飞机去吧，从沈阳到北京坐飞机只要一个小时。

索菲亚：我有恐高症，别说真飞机，连游乐场的假飞机都不敢坐。

朴敏智：坐火车到北京要多长时间？

索菲亚：我打算坐 K54 次列车，到北京要十个小时。

朴敏智：这么久，你怎么不坐动车呢？只要五个小时就到了。

索菲亚：K54 次列车是晚上 9 点从沈阳北站出发早上 7 点到北京。虽然时间长，但是我睡一觉就到北京了。还能省一个晚上的住宿费。

朴敏智：你可真精明，祝你旅途愉快！

规划中的沈阳南站

（十一长假过后）

朴敏智：索菲亚，去北京玩得怎么样？

索菲亚：别提了，我可真倒霉！

朴敏智：怎么了？遇到什么倒霉事儿了？

索菲亚：在去火车站的路上，我遇到了一起交通事故。因为发生在交通要道，导致堵车堵了一个小时，结果我没赶上火车。

朴敏智：你为什么不坐地铁呢，沈阳地铁二号线正好有一站是"沈阳北站"。

索菲亚：我住在沈阳南站附近，离地铁二号线比较远。不过等地铁四号线建成以后，我去哪儿都方便了。因为地铁四号线连接沈阳三大火车站——沈阳南站、沈阳北站和沈阳站。

朴敏智：沈阳南站没有到北京的火车吗？

索菲亚：沈阳南站正在建设中。建成以后将成为东北地区最大的集高铁、城铁、地铁、公交、出租、长客为一体的综合交通枢纽。

朴敏智：那真是太棒了，以后我们出行就更方便了。

词语

1	交通	jiāotōng	N	traffic
2	游客	yóukè	N	tourist
3	恐高症	kǒnggāozhèng	N	acrophobia
4	游乐场	yóulèchǎng	N	playground
5	省	shěng	V	to save
6	住宿费	zhùsùfèi	N	hotel expense
7	精明	jīngmíng	A	smart, shrewd
8	旅途	lǚtú	N	journey, trip
9	倒霉	dǎoméi	V	to have bad luck
10	遇到	yù dào	VC	to encounter
11	导致	dǎozhì	V	to cause, to lead to
12	结果	jiéguǒ	Conj	finally
13	赶上	gǎn shàng	VC	to catch up with
14	建成	jiàn chéng	VC	to build up
15	连接	liánjiē	V	to connect, to link
16	建设	jiànshè	V	to build
17	集	jí	V	to assemble, to gather
18	综合	zōnghé	A	comprehensive, synthetical
19	枢纽	shūniǔ	N	hub, pivot

专有名词

1	沈阳北站	Shěnyáng Běizhàn	Shenyang North Railway Station
2	沈阳南站	Shěnyáng Nánzhàn	Shenyang South Railway Station
3	沈阳站	Shěnyáng Zhàn	Shenyang Railway Station

重点词语与句式

1. 好是好,就是游客一定很多。

"A 是 A,就是……"先承认前面分句提到的事情是个事实,但是后一分句说出的事情不受这一件事实的限制。例如:

1)这件衣服可爱是可爱,就是肥了点儿。

2)这辆车漂亮是漂亮,就是贵了点儿。

3)这地方干净是干净,就是离市中心太远了点儿。

2. 我有恐高症,别说真飞机,连游乐园的假飞机都不敢坐。

"连……都/也……"举出突出的事例,强调程度很深。例如:

1)这个暑假我很忙,连一天也没休息过。

2)这道题很难,连老师都不会。

3)这首歌很有名,连外国人都知道。

3. 别提了,我可真倒霉!

"别提了"是插入语,意思是不让别人再说某事,一般用在不太如意的情况。因为发生的事情是不太好的,所以不想再多说。例如:

1)别提了,这次考试我又没及格。

2)别提了,我起来晚了,没赶上火车。

3)别提了,我没找到那家饭店。

4. 遇到什么倒霉事儿了?

"到"做结果补语时,可以表示人或事物通过动作行为到达某地点,也可以表示动作行为达到了目的。例如:

1)我终于买到了回家的火车票。

2)电梯上到第十层了。

3)虽然这次失败了,但是他得到了很多人的关心。

5. 在去火车站的路上,我遇到了一起交通事故,因为发生在交通要道,导致堵车堵了一个小时,结果我没赶上火车。

"上"做结果补语时,表示动作有了结果,或达到目的,或添加到某处。例如:

1)他没等我说完话,就关上了门。

2)经过三年的努力,我终于考上了大学。

3)请在这张表格的空白处写上你的名字。

6. 等地铁四号线建成以后,我去哪儿都方便了。

"成"做结果补语时,表示事情成功,愿望实现的意思时,后面可不带宾语;表示成为、变为的意思时,后面一定要带宾语。

1)这所学校终于建成了。

2)因为大家都有课,所以这个会开不成了。

3)她妈妈打算把她培养成一位出色的舞蹈家。

 练习

一、用所给词语完成句子

1. 连……都/也

(1)如果没有护照,_____。

(2)他这个月把所有的钱都花光了,_____。

(3)他刚来中国,_____。

2. A 是 A,就是……

(1)今天的天气好是好,_____。

(2)这家超市近是近,_____。

(3)你说得对是对,_____。

3. 上

(1)请在卷纸上_____。

(2)下雨了,快点_____。

(3)来到沈阳三年了,我彻底_____。

二、根据拼音写汉字

1. 我有 kǒnggāozhèng(_____),所以不能到太高的地方去。

2. 她在做生意方面是个非常 jīngmíng(_____)的女人。

3. 真 dǎoméi(_____),钱包丢了!

4. 他的错误决定 dǎozhì(_____)了这次比赛的失败。

5. 因为前一天晚上睡得太晚,jiéguǒ(_____)他第二天上班迟到了。

三、根据对话内容选择正确答案

1. 从沈阳到北京坐飞机需要多长时间？（　　　）
A. 45 分钟　　　　　　　　B. 60 分钟　　　　　　　　C. 30 分钟

2. 从沈阳到北京坐动车需要多长时间？（　　　）
A. 5 个小时　　　　　　　　B. 9 个小时　　　　　　　　C. 7 个小时

3. 已经建成的地铁线中，地铁几号线到沈阳北站？（　　　）
A. 地铁一号线　　　　　　　B. 地铁二号线　　　　　　　C. 地铁四号线

四、回答问题

1. 索菲亚为什么没有赶上火车？
2. 沈阳的三大火车站是什么？
3. 东北最大的交通枢纽是哪里？

 **旅游文化扩展阅读**

消失的"摩电车"

如今的沈阳，是东北地区最大的铁路、公路、航空交通枢纽。这里拥有东北地区最大的民用航空港，全国最大的铁路编组站和全国最高等级的"一环五射"高速公路网。人们出门越来越方便了，汽车、地铁、火车、飞机可自由选择，可谓四通八达。

在 20 世纪 20 年代，交通不是很发达的时候，"摩电车"曾是当时公共交通的主力。提起"摩电车"这个词，年轻一点儿的沈阳人可能会觉得陌生。"摩电车"最早指有轨电车，曾在沈阳运行了半个世纪，咣当当的电车声印在了几代沈阳人的记忆里。

1925 年第一条有轨电车线路建成了。由于当时的电车运输线路处在交通繁忙的干道上，客流量特别大，电车的出现大大方便了市民们的出行。到 1945 年，沈阳已经有了 6 条有轨电车线路，总长度 25.1 公里，日最高客流量达 81600 人次。很多老沈阳人形容那时的"摩电车"就一个字——挤。每日上下班高峰时间，上下车非常困难，为了给车里腾出更多空间，坐在座位上的人只能站在座位上。

1958 年，沈阳拥有各种有轨电车 170 辆，数字居全国之首。有轨电车的客运量占市区公共交通客运量总数的近 60%。此时，有轨电车仍为市区的主要公共交通工具。沈阳自产的电车不仅被国内许多城市使用，而且还远销国外。

然而有轨电车还是抵不过时代的发展。

摩电车

1951年,伴随着第一条无轨电车线路在沈阳出现,有轨电车的发展逐渐让位给了无轨电车。1974年7月3日,沈阳站至太清宫的最后一段电车铁轨被拆除,有轨电车完成了它历史的使命。

在很多电车爱好者看来,拆除有轨电车是因为当时人们认识有很大局限(jú xiàn limitation),很多人认为有轨电车就是落后。事实上,世界上很多发达国家城市都保留了有轨电车。目前,国内也有五座城市的有轨电车仍在运行,分别是大连、长春、威海、成都、香港。这其中,大连、长春的有轨电车仍然发挥着很重要的客运作用,每年的客运量达到上百万人次。有轨电车还为这些城市增添了别样的风景。

近年来,世界范围内,有轨电车正迎来一股"回潮"。美国、波兰的一些大城市中,有轨电车大面积复活。这并不是一种单纯的怀旧,电车运行1公里大概需要1度电,运行100公里的电费大概70元左右。相比之下,公交车运行100公里花掉的油费高达300多元。此外,有轨电车的磨损率也比公交车低。更难能可贵(nánnéngkěguì valuable)的是,在城市尾气污染越来越严重的今天,"零排放"的有轨电车更加环保。

2013年6月,在沈阳消失了近四十年的轨道交通又重回市民生活,"摩电车"被遗忘了30年后,重新为沈阳市民服务了。从历史上考察,"摩电车"很长一段时间都是沈阳公共交通的主力,它的发展兴衰见证了这座城市的变迁。放眼未来,随着城市污染、交通拥堵等问题的出现,世界各地正掀起一股重修有轨电车的热潮,有轨电车这道独特的城市风景仍有辉煌的前景。

根据短文内容回答问题

1. 摩电车是什么年代的交通工具?
2. 无轨电车什么时间在沈阳出现?
3. 有轨电车为什么会被无轨电车取代?
4. 有轨电车至今仍在国内哪几个城市运行?

 文化交流

请介绍一下你所在城市的交通情况。

参考词语与句式
导致　建设　结果　连接　连……都/也

旅游信息小贴士

沈阳地铁 1、2 号线线路图

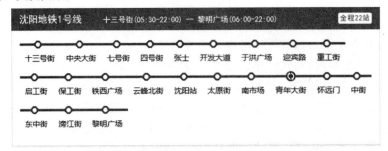

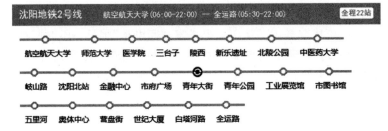

沈阳地铁 1、2、9、10 号线规划图

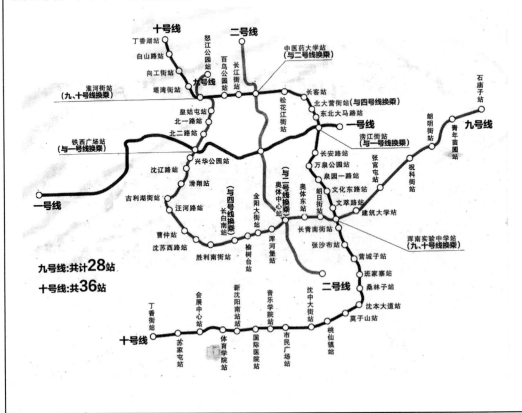

旅游口语小贴士

Shòu piào chù zài nǎr 售 票 处 在 哪儿？	Excuse me，where is the ticket office?
Wǒ mǎi liǎng zhāng qù shànghǎi de yìng wò piào 我 买 两 张 去 上 海 的 硬 卧 票 。	I want two hard sleeper tickets to Shang-hai.
Qù fēi jī chǎng duō shǎo qián 去 飞 机 场 多 少 钱 ？	How much does it cost to get to the air-port?
Wǒ dìng yì zhāng qù shànghǎi de jī piào 我 订 一 张 去 上 海 的 机 票 。	I'd like to book a plane ticket to Shanghai.
Zhè bān fēi jī zài nǎr bàn lǐ dēng jī shǒu xù 这 班 飞 机 在 哪儿 办 理 登 机 手 续 ？	Where shall I check in for this flight?

吃在沈阳

 会话

大　卫：王老师，你爱人做的菜真好吃，尤其是锅包肉和酸菜粉。

王老师：不用客气，你能来我们家吃饭，我们都很高兴。

大　卫：中国菜的种类实在是太多了。我以前吃过川菜、粤菜，这次终于吃到正宗的辽菜了。

王老师：我爱人只会做一些家常菜。沈阳有很多老字号饭店，比如老边饺子、马家烧麦、李连贵熏肉大饼等等。这些都是传统的沈阳小吃。

大　卫：饺子？我特别喜欢吃饺子，尤其是酸菜馅儿的。

王老师：看来你已经习惯吃中国菜了。

大　卫：当然！我不但习惯了，还会做几样呢。

王老师：真的？你会做哪些中国菜？

大　卫：我只会做一些比较简单的菜。像西红柿炒鸡蛋和蛋炒饭。听说传统的沈阳美食制作工艺是非常复杂的，特别值得一提的是满汉全席。

王老师：是啊。满汉全席是以前清朝宫廷举办的宴会，汇聚了全国各地的名菜，不管是宫廷御膳还是市井小吃都堂而皇之地被搬上桌面，而且有上千人参加呢！

大　卫：真是一场巨型宴会啊！到底是谁这么有钱，能请得起上千人吃饭？

王老师：清朝的乾隆皇帝在他七十五岁生日那天举行了千叟宴，被认为是第一次最完整的满汉全席。他邀请了三千多名六十岁以上的老人参加他的寿宴，据说被邀请的人中年龄最大的一位老人已经一百四十一岁了。

大　卫：一百四十一岁？那真是高寿啊！这位老人一定是个快乐的人。

王老师：没错，快乐的人更容易长寿！

大　卫：对于我来说，能够吃遍中国的美食我就快乐了！

王老师：那么你在沈阳很容易找到快乐。在这里可以品尝到全国各地的名菜，像鲁菜、川菜、粤菜、湘菜、闽菜等等。

大　卫：竟然有这么多啊！有机会的话我一定一一尝遍。

王老师：那你恐怕就要变成大胖子了！

乾隆皇帝

词语

1	爱人	àirén	N	husband or wife
2	种类	zhǒnglèi	N	kind
3	实在	shízài	Adv	really
4	终于	zhōngyú	Adv	finally，eventually
5	老字号	lǎozìhào	N	time-honored brand
6	特别	tèbié	Adv	especially，particularly
7	馅儿	xiànr	N	stuffing
8	制作	zhìzuò	N	making，manufacture
9	工艺	gōngyì	N	craft，process
10	复杂	fùzá	A	complicated
11	宫廷	gōngtíng	N	palace
12	举办	jǔbàn	V	to conduct
13	汇聚	huìjù	V	to converge
14	御膳	yùshàn	N	imperial cuisine
15	市井	shìjǐng	N	street
16	小吃	xiǎochī	N	snack
17	堂而皇之	táng'érhuángzhī	IE	in an imposing manner
18	叟	sǒu	N	old man
19	遍	biàn	M	a time in repetition
20	竟然	jìngrán	Adv	actually，unexpectedly

专有名词

1	锅包肉	Guōbāoròu	Guo Bao Rou
2	酸菜粉	Suāncàifěn	Suan Cai Fen
3	老边饺子	Lǎobiān Jiǎozi	LaoBian dumplings
4	马家烧麦	Mǎjiā Shāomài	Ma's homemade Steamed Pork Dumplings
5	李连贵熏肉大饼	Lǐliánguì Xūnròu Dàbǐng	Li Liangui bacon pie
6	满汉全席	Mǎnhàn Quánxí	Man-han banquet
7	乾隆	Qián Lóng	an emperor of the Qing Dynasty

重点词语与句式

1. 我以前吃过川菜、粤菜，这次终于吃到正宗的辽菜了。

"终于"，副词，表示经过较长过程最后出现某种结果。较多用于希望达到的结果。例如：

1)等了很久，他终于来了。

2)他研究了很长时间，这个问题终于解决了。

3)坐了五个小时的飞机，我终于到家了。

2. 我特别喜欢吃饺子，尤其是酸菜馅儿的。

"特别"，副词，表示与一般不同，相当于"非常"。例如：

1)他今天早晨起得特别早。

2)她今天穿得特别漂亮。

3)这个节目特别吸引观众。

比较"特别"和"尤其"

同：都可作副词，表示就其中之一加以强调，并在强调中包含着比较，表示后者比前者更进一步。例如：

4)沈阳的公园都很美，特别（尤其）是南湖公园。

不同："特别"可用于口语也可用于书面语，"尤其"多用于书面语；"特别"除了副词的词性，还有形容词的词性，"尤其"只有副词的词性。例如：

5)那天晚上的月亮特别圆。（√）

6)那天晚上的月亮尤其圆。（×）

3. 到底是谁这么有钱，能请得起上千人吃饭？

"到底"，副词，用于疑问句，表示进一步的追问。用在动词、形容词或主语前。例如：

1)事情到底怎么样了？

2)你到底来不来？

3)这件衣服到底好看不好看？

4. 到底是谁这么有钱，能请得起上千人吃饭？

在结果补语和趋向补语的前边加上结构助词"得"或"不"就构成了可能补语。例如：

看得见（能看见）　看不见（不能看见）

听得懂（能听懂）　听不懂（不能听懂）

睡得着（能睡着）　睡不着（不能睡着）

可能补语表示有没有能力实现动作的结果或趋向,所以在很多情况下,可能补语能代替能愿动词"能""可以"。例如:

1)他说得很慢,我能听懂(听得懂)。

2)食物不多,我能吃完(吃得完)。

5. 竟然有这么多啊！有机会的话我一定一一尝遍。

"竟然",副词,表示出乎意料,想不到。例如:

1)我担心他反对,他竟然同意了。

2)他就在我旁边,我竟然没有发现。

3)这么伟大的工程,竟然在两年内完成了。

 练习

一、用所给词语完成对话

1. A:我今天没带钥匙,你带钥匙了吗？

   B:放心,我带了,_____。（进得去）

2. A:你怎么还不起床？

   B:我昨天晚上睡得太晚了,_____。（起不来）

3. _____,今天可以轻松一点儿了。（终于）

4. 这件衣服很漂亮,那件衣服很便宜,_____。（到底）

5. 今天有考试,_____。（竟然）

二、根据拼音写汉字

1. 这里的货品种齐全、zhǒnglèi(   )繁多。

2. 我 shízài(   )不明白,为什么他会欺骗我。

3. 这是个非常 fùzá(   )的问题,我好好考虑后回答你。

4. 这次比赛 huìjù(   )了来自全国各地的有名厨师。

5. 小偷 táng'érhuángzhī(   )地从宾馆大厅走出去了。

三、根据对话内容选择正确答案

1. 下列哪项不是沈阳特色小吃？（   ）

A. 老边饺子

B. 马家烧麦

C. 东来顺涮羊肉

2. 大卫会做什么中国菜？（   ）

A. 西红柿炒鸡蛋

B. 锅包肉

C. 宫保鸡丁

3. 乾隆皇帝在七十五岁生日时举办的千叟宴邀请了多少位老人参加？（   ）

A. 两千多　　　　　　　B. 一千多　　　　　　　C. 三千多

四、回答问题

1. 请说出几家沈阳的老字号饭店？

2. 满汉全席是宫廷御膳还是市井小吃？

3. 请介绍一下乾隆七十五岁的千叟宴。

 旅游文化扩展阅读

沈阳的传统小吃

沈阳市的风味小吃名目繁多、种类各异，而且都历史悠久，制作精细。老边饺子、李连贵熏肉大饼、马家烧麦，这些传统小吃早已经成为沈阳的门面。

说起老边饺子的历史，还需要回溯(huísù look back upon)到清朝。一个叫边福的河北人听说东北这里的买卖比较好做，就来到东北谋求生活。他在小津桥一带搭了一个非常简易的卖饺子的小摊铺。除了货真价实之外，他的饺子与其他铺中的饺子没有什么太大的区别。转眼间到了同治七年，饺子铺的生意传到了边福的儿子边德贵的手里。边德贵是个很有头脑的人，他走访了东北好几座城市，摸索(mōsuǒ grope)出制作饺子的经验，创造出了汤煸馅饺子。这种饺子肥而不腻(féi´érbúnì　fat but not greasy)、瘦而不柴(shòu´érbùchái　thin but not dry)。就这样，边德贵的生意一天比一天做得好。后来，老边饺子铺迁到了当时沈阳最热闹的北市场，"老边饺子"逐渐成为沈阳城里众人皆知的美食。今天，老边饺子不但享誉全国，而且驰名海外，成为外地客人到沈阳一定要品尝的一道美食。

老边饺子

受到气候环境、地方习俗的影响，沈阳的小吃具有浓郁的北方特色，面食种类繁多。除了老边饺子，马家烧麦、李连贵熏肉大饼也让人流连忘返(liúlián wàngfǎn enjoy oneself so much as to forget to go home)。

烧麦是回族的传统食物，位于沈阳中街的马家烧麦则是一家有着180多年历史的老店。马家烧麦最早的掌柜名叫马春生。因为家境贫寒，他在老沈阳城做起了烧麦生意。那时他推着独轮车走街串巷，边包边卖。由于他的选料精细，配方独特，吸引了很多人。到他的儿子马广元子承父业时，在小西门开设了两间简陋的店铺，开始了店铺经营，始称

"马家烧麦"。据说当时美名传遍沈阳城,不管是贫民百姓还是商贾名流都喜欢在这儿吃上十几个烧麦、喝上一碗羊汤。

李连贵熏肉大饼

创建于1842年李连贵熏肉大饼也是驰名东北的风味美食。创始人李连贵得老中医高品之指点,承袭了其祖传的中药熏肉秘方,熏出了独特风味的酱肉。后来他不断地改进熟肉、大饼的制作工艺,在选肉、切肉、养汤、和面等各个环节潜心研究,终于制作出集美味与药膳(yào shàn medicated diet)为一体的佳肴。李连贵熏肉大饼不仅令人百吃不厌,还有暖胃、健脾、壮肾的功效,深受老百姓的欢迎。1950年,李连贵的孙子李春生带着秘方和"老汤"来到了沈阳中街鼓楼西南角,开了一家李连贵熏肉大饼店,从此李连贵熏肉大饼远近闻名。

除了上面提到的这几家老字号,传统的沈阳小吃还有杨家吊炉饼、沈阳回头、西塔大冷面、老山记海城馅饼和那家馆白肉血肠等等。老字号虽然走到今天,但也面临着挑战。这些年,沈阳人不断追逐着吃的时尚和潮流,天南海北的美食比比皆是(bǐbǐjiēshì can be found everywhere),但这些老字号并没有随着时间被历史遗忘,反而生意越来越火。老字号始终带着浓浓的、古老的文化味道影响着今天。

根据短文内容回答问题

1. 老边饺子和其他饺子有什么不同?
2. 马家烧麦的创始人是谁?
3. 李连贵熏肉大饼的特色是什么?
4. 请说出几个沈阳传统的特色小吃?

文化交流

请介绍一下你们国家的饮食习惯及特色美食。

参考词语与句式				
种类	终于	特别	制作	复杂

旅游信息小贴士

特色小吃饭馆推荐:
老边饺子馆(中街店)
人均消费:60元
特色菜:煸馅饺子、冰花煎饺、三鲜饺子、酸菜饺子、锅包肉
电话:(024)24315666
地址:沈河区中街路208号(玫瑰大酒店对面)

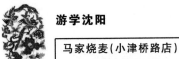

马家烧麦(小津桥路店)

人均消费:50元

特色菜:传统烧麦、羊杂汤、羊排、扒肉条、葱烧猪蹄

电话:(024)24336868

地址:大东区小东路241号(近老龙口酒厂)

李连贵熏肉大饼(沈河店)

人均消费:40元

特色菜:熏肉大饼、鸡蛋汤、熏肉、素烩汤、熏肚、回锅饼

电话:(024)24863731

地址:沈河区正阳街88号(近中街路)

协顺园回头馆(大西路店)

人均消费:40元

特色菜:回头、养汤、扒肉条、爆肚、锅包肉、羊杂汤

电话:13940593658

地址:沈河区大西路303号1楼(近房地产大厦)

西塔大冷门(市府大路店)

人均消费：30元

特色菜:冷面、辣白菜、干豆腐、拌蚬子、拌墨斗、拌花菜

电话:(024)23836474

地址:沈河区市府大路31号(朝鲜族百货大楼对面)

那家馆白肉血肠

人均消费:60元

特色菜:大锅炖鱼、嘎巴菜一锅出、小鸡炖蘑菇、酸菜白肉血肠、血肠炖酸菜

电话:(024)86204567

地址:皇姑区北陵大街宁山中路1号(近地质局)

宝发园名菜馆

人均消费:60元

特色菜:四绝菜、煎丸子、熘肝尖、摊黄菜、熘腰花

电话:(024)24314173

地址:大东区小十字街天源巷1号

 旅游口语小贴士

Qǐng gěi wǒ kàn yí xiàr cài dān 请 给 我 看 一 下儿 菜 单。	May I have a menu, please?
Fú wù yuán diǎn cài 服 务 员 ，点 菜。	Order, please.
Nǐ men zhèr yǒu shén me tè sè cài 你 们 这儿 有 什 么 特 色 菜？	What specialties do you have?
Lái yí gè yú xiāng ròu sī 来 一 个 鱼 香 肉 丝。	We will have a fish-flavored shredded pork.
Zhè gè cài là ma 这 个 菜 辣 吗？	Is this dish spicy?

购在沈阳

 会话

索菲亚：敏智，你起得真早，是去锻炼身体吗？

朴敏智：逛街算不算锻炼身体？

索菲亚：逛街？ 这么早！ 商场一般不是九点开始营业吗？

朴敏智：我是去五爱市场，那里早晨五点半就开始营业了。

索菲亚：你打算买什么东西？

朴敏智：吃的、用的、玩的、穿的都想看看。

索菲亚：听说五爱市场的商品不但种类丰富，而且价格便宜。

朴敏智：是的。不过，在五爱市场买东西你得先学会砍价。五爱市场是中国最大的商品批发市场之一，很多商品的批发价比零售价便宜得多。

索菲亚：你会砍价吗？

朴敏智：马马虎虎吧，我只能算业余水平。

索菲亚：你真谦虚，我不但不会砍价，而且也没有耐心挑选东西。

朴敏智：买东西要"货比三家"，挑选又便宜又好的商品是需要时间的。

索菲亚：你的经验真丰富。有机会的话，我们一起去五爱市场，我好跟你学习学习。

朴敏智：你来中国已经快一年了，从来没去过五爱市场吗？

索菲亚：没去过，听说去五爱市场的人太多了，我比较喜欢去中街或者太原街买东西。那里不仅人比较少，还有很多大型商场，有很多名牌，质量比一般的品牌好得多。

朴敏智：听说中街是沈阳最早的商业街，有近四百年的历史。那里不仅有很多大商场，还有很多百年老店，像被称为"东北第一茶庄"的中和福茶庄，当年就连张氏帅府的人都到那里买茶呢。明天我打算去那里给我妈妈买些好茶。

索菲亚：在俄罗斯也有很多人喝茶，可是我们喝茶的习惯跟中国人不太一样，我们喜欢往茶里面放些糖、蜂蜜或者柠檬。我很想见识一下中国的茶艺，明天我能跟你一起去看看吗？

朴敏智：没问题，正求之不得呢。我打算先去中街，然后坐地铁一号线去太原街。

索菲亚：天啊，你可真是个"购物狂"！

朴敏智：哪里哪里，跟大卫比还差得远呢！他买的衣服都够在淘宝网开店了。

沈阳中街

词语

1	算	suàn	V	to consider, to regard as
2	一般	yìbān	A	In general
3	商品	shāngpǐn	N	goods, commodity
4	丰富	fēngfù	A	rich, abundant
5	砍价	kǎn jià	VO	to bargain
6	批发	pīfā	V	to wholesale
7	零售	língshòu	V	to retail
8	业余	yèyú	A	amateur
9	水平	shuǐpíng	N	level
10	谦虚	qiānxū	A	modest, self-effacing
11	耐心	nàixīn	A	patiently
12	挑选	tiāoxuǎn	V	to pick, to select
13	经验	jīngyàn	N	experience
14	从来	cónglái	Adv	always, at all times
15	商场	shāngchǎng	N	shopping mall
16	名牌	míngpái	N	famous brand
17	质量	zhìliàng	N	quality
18	品牌	pǐnpái	N	name brand
19	茶	chá	N	tea
20	糖	táng	N	sugar
21	蜂蜜	fēngmì	N	honey
22	柠檬	níngméng	N	lemon
23	求之不得	qiúzhībùdé	IE	all that one could wish for
24	购物狂	gòuwùkuáng	N	shopaholic
25	够	gòu	Adv	quite, enough

 **专有名词**

1	中街	Zhōng Jiē	Middle Street
2	太原街	Tàiyuán Jiē	Taiyuan Street
3	中和福茶庄	Zhōnghéfú Cházhuāng	Zhonghefu TeaHouse
4	俄罗斯	Éluósī	Russia
5	淘宝网	Táobǎo Wǎng	Tao Bao（a shopping website）

重点词语与句式

1. 马马虎虎吧，我只能算业余水平。

"算"，认作，当作。后面常用"是"，可加名词、动词、形容词或者小句。例如：

1）和我们那儿的冬天比，这里不算太冷。

2）今天算我不对，我向你道歉。

3）你算说对了，今天是他的生日。

4）就算今天放假，你也不应该起这么晚啊！

2. 吃的、用的、玩的、穿的都想看看。

名词、动词、形容词后面加上"的"后组成名词性"的"字短语，用来指代上文提到的事物。例如：

1）我的手机没电了，你的借给我用一下。

2）我有两个孩子，大的是男孩，小的是女孩。

3）A：你喜欢什么颜色的衣服？

B：白色的。

3. 你来中国已经快一年了，从来没去过五爱市场吗？

"从来"，副词，从过去到现在一直这样，多用于否定。例如：

1）我从来不吃辣的食物。

2）这个问题我从来没想过。

3）这不是他干的，他从来不做这样的事。

比较"从来"和"一直"

同：都是副词，都有表示动作持续不变或状态持续不变的意思。例如：

4）他一直（从来）没有喝过啤酒。

不同:"一直"的使用范围比较大,既可以用于从过去持续到现在,也可用于较短的时间段;"从来"不能用于较短的时间段。例如:

5)最近几天我一直在上海,没去别的地方。(√)

6)最近几天我从来在上海,没去别的地方。(×)

"从来"表示时间只用于过去或现在,而不适用于将来,"一直"则不受此限制。例如:

7)我要一直照顾你,直到你结婚为止。(√)

8)我要从来照顾你,直到你结婚为止。(×)

"从来"多用于否定句,较少用于肯定句。"一直"则不受此限制。

4. 他买的衣服都够在淘宝网开店了。

"够+动词"表示达到需要的数量,动词多为单音节。例如:

1)他每个月的工资够用了。

2)我们带两瓶水够喝了。

"够+形容词"表示达到标准或程度。例如:

3)这块布够长了,可以做一件衣服。

4)他已经够忙了,你别去麻烦他了。

 练习

一、用"从来"改写下列句子

1. 不管上课还是开会,他总是按时到。

2. 这家饭店自从开业以来,顾客一直很多。

3. 沈阳离北京虽然很近,可是她一次也没去过。

4. 不管遇到什么困难,我一直是支持你的。

5. 晚上她总是在房间里看书或者看电视。

二、根据拼音写汉字

1. 唱歌不是我的工作,只是我的爱好,我是个 yèyú(   )的歌手。

2. 这是我为你精心 tiāoxuǎn(   )的礼物,希望你喜欢。

3. 孩子做错的时候,妈妈应该对孩子有足够的 nàixīn(   )。

4. 这件衣服虽然很贵,但是 zhìliàng(   )很好。

5. 你能来参加我的生日宴会,我真是 qiúzhībùdé(   )啊!

三、根据对话内容选择正确答案

1. 五爱市场每天什么时候开始营业?(   )

A. 五点半   B. 九点   C. 七点

2. 下列哪个是沈阳最早的商业街？（　　　　）

A. 太原街　　　　　　　　B. 中街　　　　　　　　C. 西塔

3. 俄罗斯人喜欢往茶里放什么？（　　　　）

A. 糖、蜂蜜、柠檬　　　　B. 牛奶、巧克力　　　　C. 冰块

四、回答问题

1. 五爱市场是什么类型的市场？

2. "货比三家"是什么意思？

3. 跟五爱市场比，中街、太原街有什么特点？

旅游文化扩展阅读

沈阳中街的老字号

大清朝早在一百多年前就没落了，但是当年因大清朝的兴盛而兴起的，被称为"中国第一步行街"的沈阳中街却依然繁华。这条历经了近四百个春秋的老街，曾被誉为"流金的路、淌银的街"，演绎了沈阳的商业文明和城市的发展史，造就出六大丝房、八大金店、天益堂、亨得利、中和福等历久弥新的老字号。

中街，原称"四平街"，后因其位于沈阳城的中心地带，并有古城的标志性建筑"中心庙"居于其中，改名为"中街"。1644 年的一天，来自山东黄县的单姓兄弟在这里开了第一家丝房——天合利，也就是后来的老天合。那时，盛京城满族八旗大户讲究穿戴，尤其喜欢绫罗绸缎(língluó chóuduàn silk and satin)等绣花制品，所以，"天合利"丝房的产品一经上市，便供不应求，生意兴隆。为了在竞争中获得优势，"天合利"还附带一些别的丝房没有的布匹和日用小百货。这样一来，当时的"丝房"实际上也就成为"百货商店"的代名词，并在盛京城内迅速传播开来，其后两百年各种商铺不断涌现，中街成为沈阳乃至东北地区的商品集散地。

在中街的历史上，曾经出现过五个最：最大的百货商店——吉顺丝房；最大的钟表眼镜店——亨得利；最大的药房——天益堂；最著名的毛笔店——李湛章；最小的洋货店——同益成。其中，这最大的百货商店与最小的洋货店还发生过一段有趣的故事。

1914 年开始经营的吉顺丝房是店主林芸生投资了五万多大洋建造的一座二层小楼。为了和当时新建了三层楼的老天合竞争，林芸生打算在原址上盖起一座有电梯、电扇、暖气的五层高楼，它就是我们现在所熟知的中街沈阳第二百货大楼。1926 年，扩建后的吉顺丝房重新开业了。但是细心的人发现这座大楼西侧有四

20 世纪 30 年代的中街

个橱窗而东侧只有两个,楼的东面缺了一个角。原来在扩建吉顺丝房的时候,因为楼层高,所以占地面积大,整个地基(dìjī foundation)要东扩。但是在吉顺丝房的东南角,有一家小杂货铺,叫同益成洋货店。这家小店铺的主人是从河北"闯关东"来的桑家兄弟三人。当时吉顺丝房的老板想把这块地方买下了,可是桑家三兄弟就是不卖。后来吉顺丝房的掌柜表示,只要桑家同意,甚至可以用铺满整个吉顺丝房的大洋来购买桑家这块地。但是不管怎么说,桑家三兄弟始终不同意。这样一来,吉顺丝房就只能盖了个"缺角大楼"。

后来才知道,精明的桑家三兄弟自有生财之道,他们想借吉顺丝房这块金字招牌做自己的生意。吉顺丝房大楼建成之后成为中街最高的一座建筑,名声更加响亮,生意更加兴隆,甚至有"吉随春夏秋冬转,顺受东西南北财"的美称。而桑家三兄弟也果然借光生财,生意越做越红火。

根据短文内容回答问题

1. 作为"中国第一步行街",中街有多少年的历史?
2. 请说出几家中街的百年老店。
3. 请说出老中街的"五最"是什么?
4. 吉顺丝房在扩建的时候遇到了什么麻烦,请描述一下。

 文化交流

请介绍一下你们国家主要的商业街。

参考词语与句式
丰富　从来　挑选　质量　品牌

 旅游信息小贴士

沈阳的主要商业街

沈阳中街商圈

推荐商场:沈阳兴隆大家庭、久光百货、皇城恒隆广场、大悦城、沈阳商业城、盾安新一城、大商新玛特、沈阳第二百货商店、亨得利钟表眼镜店、荟华楼金店、中和福茶庄、天益堂大药房

轨道交通:
地铁一号线中街站、东中街站

公交路线：

中街站（站点位于正阳街、朝阳街）

环路、117 路、118 路、132 路、140 路、213 路、215 路、222 路、228 路、251 路、257 路、276 路、287 路、292 路、294 路、296 路

东中街站（站点位于东顺城街）

105 路、113 路、131 路、133 路、218 路、219 路、248 路、298 路

大悦城东站（站点位于大什字街、小什字街）

147 路、150 路、151 路、173 路、179 路、250 路、259 路、286 路

小北门、大北门、小津桥站（站点位于津桥路）

116 路、168 路、207 路、211 路、230 路、243 路

小西门站（站点位于西顺城街）

157 路、212 路、224 路、227 路、258 路、326 路、333 路、334 路、503 路

沈阳太原街商圈

推荐商场：中兴—沈阳商业大厦、兴隆一百、新世界百货、万达广场、北京华联商厦、秋林公司、新华购书中心、沈阳欧亚联营公司、潮汇购物中心

轨道交通：

地铁一号线沈阳站、太原街站

公交路线：

中华路太原街站（站点设在中华路）

103 路、203 路、220 路、221 路、235 路、237 路、240 路、246 路、261 路、263 路、328 路、501 路、523 路

中山路太原街站（站点设在中山路）

环路、114 路、123 路、129 路、210 路、232 路、277 路

太原街中山路站（站点设在太原北街）

216 路、271 路、281 路、295 路、324 路、399 路、铁西新区一线

南京街北二马路站（站点设在南京街）

115 路、231 路、282 路

市文化宫站（站点设在民主路）

152 路、223 路、225 路、264 路、327 路

沈阳站南、沈阳站北（站点设在胜利大街）

202 路、204 路、205 路、206 路、208 路、243 路、262 路、279 路

五爱市场

营业时间：周一至周日 5：30～15：30

轨道交通：

地铁一号线怀远门站 B 口出站向南步行 900 米或大西门站换乘 157、207、212、224、227、326、333、334、503 路

公交路线：

五爱市场站（站点位于热闹路）

103 路、117 路、125 路、132 路、173 路、179 路、219 路、223 路、227 路、246 路、260 路、266 路、273 路、274 路、293 路、297 路、503 路

五爱市场西区站(站点位于热闹路)

151路、207路、501路

五爱市场西区站(站点位于风雨坛街)

134路、157路、212路、222路、224路、238路、263路、277路、326路、333路、334路、523路、800路

五爱市场(站点位于南乐郊路小南街)

294路

五爱市场(站点位于南顺城路风雨坛街)

237路、287路、296路、168路南线

 旅游口语小贴士

Qǐng gěi wǒ huàn yī gè dà diǎnr de 请 给 我 换 一 个 大 点 儿 的。	Please get me a big one?
Rú guǒ yǒu wèn tí kě yǐ tuì ma 如果 有 问题 可以 退 吗？	Could I return it if there is any problem?
Zài nǎr mǎi sī chóu 在 哪儿 买 丝绸？	Where can I get silk?
Yǒu pián yí diǎnr de ma 有 便宜 点 儿 的 吗？	Do you have anything cheaper?
Kě yǐ shì shi ma 可以 试试 吗？	May I try it on?

玩在沈阳

 会话

大　卫：李白，你的发型怎么变了，昨天还是卷发，今天就变成直发了？

李　白：因为我要成为明星了！

大　卫：什么？难道有人找你拍广告吗？

李　白：不是，是有人找我拍电视剧，我就要成为一名真正的演员了。

大　卫：李白，恐怕你昨天没睡好，现在在做白日梦吧。

李　白：当然不是。我马上就要到关东影视城去拍戏了，你要是不相信，就跟我一起去看看吧。

大　卫：真的吗？我正好想见识一下。既然如此，那我们就一起去吧。

（在关东影视城）

大　卫：这里真热闹，这是什么地方？为什么有这么多仿古建筑？

李　白：这里是老沈阳的北市场，跟北京天桥、上海城隍庙一样是老沈阳最热闹的地方。

大　卫：老沈阳？有多老？

李　白：大概一百多岁吧。我们现在就在二十世纪初沈阳城里最热闹最繁华的地方——北市场。这里算是老沈阳的一张"名片"。

大　卫：为什么这些建筑上的字看起来这么复杂，跟我学的汉字有些一样，有些不一样。

李　白：这是以前的中国汉字，比我们现在学的汉字要难得多。

大　卫：这是什么梨？

大　卫：这叫"梨园"，以前不管写文章还是读文章都是从右面开始，跟现在正好相反。

大　卫：梨园？这里是专门卖梨的地方吗，难道不卖其他的水果吗？

李　白：这里是个戏班子，是唱戏的地方。中国人特别喜欢听戏，所以当年这样的梨园到处都是。人们喜欢在休息的时候一边喝茶，一边听戏。

大　卫：原来一百年前的沈阳是这个样子。李白，你看你看，那个年代的男人都扎辫子吗，他们的辫子比女孩儿的还长！

李　白：那是满族的民族习惯，就像苏格兰男人穿裙子一样。

沈阳关东影视城

大　卫：满族的男人不是也穿裙子吗？

李　白：那不是，裙子是长衫，是满族的传统服装。

大　卫：那你也要穿长衫、扎辫子拍戏吗？

李　白：这个……我不知道，要听导演的安排。

大　卫：哦，我明白了。李白，你是群众演员吧。

李　白：大卫，不要小看群众演员，大明星都是从群众演员做起的！

大　卫：我相信，在导演的帮助下，你一定会越演越好的！

 词语

1	发型	fàxíng	N	hairstyle
2	卷	juǎn	A	curly
3	明星	míngxīng	N	star
4	拍	pāi	V	to shoot
5	广告	guǎnggào	N	advertisement
6	电视剧	diànshìjù	N	TV play
7	成为	chéngwéi	V	to become
8	真正	zhēnzhèng	A	true
9	演员	yǎnyuán	N	actor
10	恐怕	kǒngpà	Adv	afraid that···
11	白日梦	báirìmèng	N	daydream
12	见识	jiànshi	V	to enrich one's experience
13	既然	jìrán	Conj	since, as, now that
14	仿古	fǎnggǔ	A	antique
15	大概	dàgài	Adv	probably
16	名片	míngpiàn	N	visiting card, calling card
17	不管	bùguǎn	Conj	no matter
18	相反	xiāngfǎn	A	opposite
19	专门	zhuānmén	Adv	specially
20	戏班子	xìbānzi	N	theatrical troupe
21	扎	zhā	V	to bind, to tie
22	辫子	biànzi	N	plait
23	长衫	chángshān	N	long gown
24	拍戏	pāi xì	VO	to Make movies
25	安排	ānpái	N	arrangement
26	小看	xiǎokàn	V	to look down upon

 **专有名词**

1	关东影视城	Guāndōng Yǐngshìchéng	Kanto Movie and Television City
2	沈阳北市场	Shěnyáng Běishìchǎng	Shenyang North Market
3	北京天桥	Běijīng Tiānqiáo	Beijing overline bridge
4	上海城隍庙	Shànghǎi Chénghuángmiào	Shanghai Old City Temple
5	苏格兰	Sūgélán	Scotland

重点词语与句式

1. 李白,恐怕你昨天没睡好,现在在做白日梦吧。

"恐怕",副词,表示担心或者估计,后面可以跟肯定形式,也可以跟否定形式。可用于主语前,也可用于主语后。例如:

1)这么晚了,恐怕商店都关门了。
2)这次考试太难了,我恐怕会不及格。
3)你这样做,恐怕你妈妈不会同意。

2. 既然如此,那我们就一起去吧。

"既然"可用于主语前面,也可用于主语后面。"既然"用于复句中的前一分句,引出已成为事实或者已肯定的情况,后一分句根据这个事实或情况得出结论。后一分句常有"就、也、还"呼应。例如:

1)既然你已经决定做这件事了,还犹豫什么?
2)你既然一定要去,我也不反对。
3)既然商店关门了,我们就明天再来吧。

3. 以前不管写文章还是读文章都是从右面开始,跟现在正好相反。

"不管"表示在任何条件下,结果或结论都不会改变或受到影响。常用于有疑问词或并列短语的句子。多用于前一分句,后一分句常有"都、也"相呼应。例如:

1)不管你怎么说,我也不同意。
2)不管你同意不同意,我都要学这个专业。
3)不管老师还是学生,都很喜欢他。

4. 在导演的帮助下,你一定会越演越好的!

"在……下"表示动作行为发生的条件。例如:

1) 在小王的带领下,我们终于爬到了山顶。

2) 在大家的鼓励下,我终于鼓起勇气去参加歌唱比赛了。

3) 在目前的情况下,我没有钱支付高额的学费。

 练习

一、用所给词语完成对话

1. A:你看这天是不是要下雨啊?

   B:_____。(恐怕)

2. A:等我们买完东西再去吃饭好吗?

   B:_____。(恐怕)

3. _____,那么你就原谅他吧。(既然)

4. _____,就不要后悔了。(既然)

5. _____,我终于毕业了。(在……下)

6. _____,我的汉语水平有了很大提高。(在……下)

二、根据拼音写汉字

1. 能不能 jiànshi(_____)一下你新买的相机。

2. 她看起来 dàgài(_____)二十岁的样子。

3. 对于这件事,我们的看法完全 xiāngfǎn(_____)。

4. 这是我们 zhuānmén(_____)为你准备的礼物,希望你喜欢。

5. 明天去哪儿,我们都听你的 ānpái(_____)!

三、根据对话内容选择正确答案

1. 李白为什么换发型?(_____)

   A. 为了演戏   B. 天气太热   C. 理发免费

2. 梨园是做什么的地方?(_____)

   A. 卖水果的地方   B. 唱戏的地方   C. 超市

3. 下面哪个地方是 20 世纪初老沈阳的一张"名片"?(_____)

   A. 北市场   B. 城隍庙   C. 天桥

四、回答问题

1. 沈阳的北市场跟北京天桥、上海城隍庙有什么共同点?

2. 沈阳的老北市场在什么年代最兴盛?

3. 李白是做男主角吗?

旅游文化扩展阅读

老北市场

在 20 世纪二三十年代,老北市场是沈阳城里最为热闹繁华的地方,是老沈阳市井文化(shìjǐng wénhuà　the citizen culture)的缩影,被称为"东北第一市"。和南京的夫子庙、上海的城隍庙一样,这里最初的兴旺也是因为一座寺庙。

20 世纪 30 年代的北市场

实胜寺,是清初皇太极修建的。那时皇太极征服了蒙古各部,一个蒙古部族的首领战死了。首领的母亲和妻子为了表示归顺,就用白骆驼载着一尊佛祖金像来盛京,要将佛像进献(jìnxiàn offer)给皇太极。金像是用千金铸成的,所以异常沉重,白骆驼走到离盛京城五里的地方就再也走不动了,于是皇太极命令在此地修建一座楼专门供奉这尊金佛像。后来,佛像多次显灵,皇太极就又在这里建了一座寺院——实胜寺。实胜寺作为清初皇家寺庙,历代皇帝东巡,也多到此朝拜,以祈求国泰民安、风调雨顺。由于实胜寺受到皇帝的重视,所以前来上香祭拜的人络绎不绝(luòyìbùjué　come and go in a continuous stream),逐渐在这附近形成集市,北市场开始初具雏形。

1918 年,东北大帅张作霖为繁荣民族经济,与逐渐兴起的外国商埠(shāng bù　treaty ports)竞争,在此圈定了 3.6 平方公里的土地打造北市场,北市场由此正式形成。此后,随着北市场的不断发展,慕名而来的人不断增加,为了使商贾游人来往方便,张作霖又在北市场附近修建了当时国内最大的火车站——老北站,从此站前到北市场一带就成为沈阳最为热闹的地方,由此也进一步带动了北市场的发展。到了 20 世纪 30 年代,北市场已经成为一个热闹的"杂巴地",三教九流(sānjiào jiǔliú　people in various trades)、五行八作(wǔháng bāzuò　small tradesmen of various kinds)和各路江湖艺人都能在这里找到一席之地。说书的、唱歌的、赌博的、摔跤的、卖药的、算命的、变戏法的、拉洋片的、跑马戏的、演西洋景的、打把式卖艺的,五花八门,无奇不有。各种茶社、饭店、商铺和剧场也云集于此。其规模与繁华程度,一度超过了历史悠久的中街,形成了具有浓郁东北民俗文化、市井文化的聚集区。

随着时代的变迁,曾经热闹无比的杂巴地不见了踪影,很多老字号逐渐消亡。时至今日,老北市已难重现当年繁盛的景象,只有初建时留下的格局还依稀可辨。但是它曾经的辉煌,它独具特色的魅力,在沈阳的城市发展史中却留下了鲜明的记忆。

近年来,政府对北市场进行了多次大规模改造,锡伯族家庙、实胜寺也相继进行修缮(xiūshàn　repair)。与此同时,一座高大的汉白玉雕制"北市场牌楼"也重新立起,它标志着如今的北市场已经旧貌换新颜,正逐渐成为集寺庙文化、旅游、商业为一体的综合旅游商贸区。

2004 年中秋,阔别了沈阳 50 年的皇寺庙会重新开市,恢复了百年前过年撞钟迎喜接福的仪式,各种特色小吃粉墨登场(fěnmòdēngchǎng make oneself up and go on the stage),各类民间绝活让人大呼过瘾(guòyǐn enjoyable)。这里不仅吸引了许多老人,年轻人看着也特别新鲜。人们走上皇寺庙会的平安桥,祈求新的一年祛除百病,仿佛回到三百年前的老北市场。

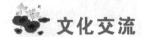

根据短文内容回答问题

1. 皇太极为什么要修建实胜寺?

2. 20世纪二三十年代,北市场为什么兴盛起来?

3. "杂巴地"是什么意思?

4. 如今的北市场还跟以前一样兴盛吗?

 ## 文化交流

请介绍一下你们国家有特色的集市。

参考词语与句式
真正　恐怕　见识　在……下　不管……都

旅游信息小贴士

皇寺庙会

庙会简介:每逢春节、"五一"、"十一"等节假日期间,这里都会举办传统而热闹的皇寺庙会,有京剧、民族歌舞、民乐表演、秧歌等精彩的活动。

开放时间:09:00—16:00

交通路线:328路、152路、399路、232路、271路、262路公交车可以直达。

关东影视城

门　票:票价成人68元;

学生及60—69岁老人34元;

1.3米以下儿童及70岁以上老人免票。

开放时间:09:00—17:00

地　址:沈阳市棋盘山风景区

交通信息:马路湾、沈阳北站乘坐南北两线168路公交车到达终点站步行至关东影视城、小津桥乘坐384路公交车直达棋盘山风景区。

皇家极地海洋世界

门　　票:票价成人 140 元;

　　　　1.2～1.4 米儿童及 70 岁以上老人 90 元;

　　　　1.2 米以下儿童免票。

开放时间:09：00—16：00

地　　址:抚顺市高湾经济区高阳路 3 号

交通信息:南站乘坐雷锋号 1 号线,北站乘坐雷锋号 3 号线,五爱市场乘坐雷锋号 4 号线,小津桥乘坐
　　　　385 路公交车到皇家海洋乐园,下车过桥即是。

方特欢乐世界

门　　票:票价成人 200 元;

　　　　1.2～1.4 米儿童及 70 岁以上老人 150 元;

　　　　1.2 米以下儿童免票。

开放时间:09：30—17：30(周一至周五)

　　　　09：00—18：30(周六、日)

地　　址:沈阳市沈北新区道义开发区盛京大街 55 号

交通信息:南站乘 255 路、北站乘 236 路至蒲河大道(终点)下车,乘出租车到达"方特欢乐世界"。

沈阳森林野生动物园

门　　票:票价成人 80 元;

　　　　1.3～1.4 米儿童,学生及 60—69 岁老人 40 元;

　　　　1.3 米以下儿童及 70 岁以上老人免票。

开放时间:08：30—17：00

地　　址:沈阳市棋盘山风景区

交通信息:从沈阳马路湾、沈阳北站搭乘 168 路直达沈阳棋盘山国际风景旅游开发区。

旅游口语小贴士

Nǐ xǐ huan chàng kǎ lā OK ma 你 喜 欢 唱 卡 拉 OK 吗?	Do you like karaoke?
Zhè gè bāo jiān kě yǐ zuò jǐ gè rén 这 个 包 间 可 以 坐 几 个 人?	How many people can the private room hold?
Chàng yí gè xiǎo shí duō shǎo qián 唱 一 个 小 时 多 少 钱?	How much for one hour?
Wǒ men shén me shí hou jí hé 我 们 什 么 时 候 集 合?	When shall we assemble?
Yǎn chū shén me shí hou kāi shǐ 演 出 什 么 时 候 开 始?	When does the show start?

东方鲁尔

—— 沈阳的工业

 会话

王老师：大卫，好久不见，你最近在忙什么呢？

大　卫：最近我正在帮助沈阳飞机工业有限公司翻译资料。他们打算向欧洲推广自己的新产品。

王老师：这份工作既可以帮助你学习汉语，又可以帮助你更好地了解沈阳。

大　卫：您说得太对了！以前，我只知道沈阳是一座历史文化名城，其实沈阳也是一座历史悠久的工业大都市。

王老师：沈阳有"东方鲁尔"的称号，是中国重要的工业基地之一。他还创造了不少的"第一"。

大　卫："第一"？快说来听听。

王老师：比如中国第一台车床、第一台变压器、第一台压缩机、第一台水下机器人等等，有数百个"中国第一"在这里诞生。沈阳铸造厂曾经是亚洲最大的铸造企业。

大　卫：哇，这可真不简单！

王老师：过去，这些大型工厂都聚集在沈阳的铁西区。政府还在铁西区建造了一座大型"工人村"，来改善工人的生活条件。

大　卫：可是我有个疑问，工厂的生产不会影响到市民的生活吗？

王老师：当然会呀。从 20 世纪末开始，沈阳的工业发展遇到了很多难题，比如污染问题、经济效益问题，工厂的生产影响到了沈阳的城市建设和市民的生活。为此，政府将这些工厂搬出了城区。

大　卫：哦，原来是这样。难怪来沈阳这么长时间，我都没见过一家大型工厂。

王老师：现在大部分工厂都搬到了沈阳的开发区。这些新工厂无论在生产水平上，还是在环境保护上都有很大地提升。

王老师：你如果有时间，就去位于铁西区的沈阳铸造博物馆看看。那里再现了当年工人的生产场景，可以帮助你更好地了解沈阳的工业历史。

大　卫：我听说沈阳还有一座很有名的蒸汽机车博物馆。

王老师：是的，这座博物馆收藏了美国、德国、日本和中国等多个国家的蒸汽机车。其中，排在第一位的老机车是 1907 年美国生产的，1984 年才退役。你猜猜在这座博物馆里年龄最小的机车是哪辆？

大　卫：这个问题我可回答不出来，我对机车一点儿都不了解呀。

王老师：其实你还乘坐过呢。

大　卫：我坐过吗？难道是"和谐号"？

王老师：没错，就是你坐过的"和谐号"动车。

词语

1	翻译	fānyì	V	to translate
2	推广	tuīguǎng	V	to popularize
3	以前	yǐqián	N	before
4	工业	gōngyè	N	industry
5	都市	dūshì	N	metropolis, city
6	车床	chēchuáng	N	lathe, turning machine
7	变压器	biànyāqì	N	transformer
8	压缩机	yāsuōjī	N	compressor
9	机器人	jīqìrén	N	robot
10	大型	dàxíng	A	large-scale
11	聚集	jùjí	N/V	aggregation, to gather, to aggregate
12	改善	gǎishàn	V	to improve, to modify
13	疑问	yíwèn	N	query, question, problem, doubt
14	难题	nántí	N	difficult problem, a hard nut to crack
15	污染	wūrǎn	N/V	to pollute ; pollution
16	效益	xiàoyì	N	beneficial result, effectiveness
17	搬	bān	V	to move, to take away
18	再现	zàixiàn	V	to reappear, to be reproduced
19	退役	tuìyì	V	to retire or be released from military service
20	猜	cāi	V	to guess
21	乘坐	chéngzuò	V	to take

专有名词

1	鲁尔	Lǔ'ěr	Ruhr is one of the biggest and oldest industry areas in Europe, and is also one of the densest areas in Germany.
2	沈阳飞机工业有限公司	Shěnyáng Fēijī Gōngyè Yǒuxiàngōngsī	Shenyang Aircraft Company
3	沈阳铸造厂	Shěnyáng Zhùzàochǎng	Shenyang Foundry
4	铁西区	Tiěxī Qū	Tiexi district in Shenyang
5	工人村	Gōngrén Cūn	Workers Village
6	蒸汽机车博物馆	Zhēngqì Jīchē Bówùguǎn	The Steam Locomotive Museum
7	"和谐号"动车	Héxiéhào Dòngchē	CRH emu train

重点词语与句式

1. 以前,我只知道沈阳是一座历史文化名城。

"以前",方位名词,比现在或某一时间早的时间。例如:

1)以前我们不认识。

2)你以前在哪儿学习?

3)十点以前,我都不在家。你十点以后再来吧。

比较"以前"与"从前"

	以前	从前
过去 时间	时间点/时间段＋以前 十二点以前必须交作业。 四天以前他来找过我。	不与时间词连用。 我从前特别喜欢跟他在一起。 我从前在美国生活。
将来 时间	时间点＋以前 这座图书馆在明年以前一定会修好。	
单独 使用	可单独使用。 以前,他特别喜欢跑步。	可单独使用。 从前,这里有一片树林。

2."第一台车床"、"一家大型工厂"、"一座很有名的蒸汽机车博物馆"

量词是表示事物或动作数量单位的词。

"台"多用于机器、仪器、电器的名词前,如一台机器、一台电脑、一台电视机、一台收音机、一台洗衣机;或是与戏剧有关的名词前,如一台戏、一台话剧、一台音乐剧。

"家"多用于有关家庭或企业的名词前,如一家人、两家商店、三家饭店、四家银行、一家电影院、一家工厂。

"座"多与较大或固定的物体组合,如一座山、一座高楼、一座桥、一座铜像。

下面汉语中一些常见量词进行归类:

表示人的量词	个、位、条 "位"是比较正式客气的用法,"条"的用法有限。 例如: 一个人、一个小孩、一个画家、一个司机、一个工人、一个朋友、一位同学、一位老师、一位客人、一条好汉
表示动物的量词	只、匹、头、条、峰 例如: 一只狗、一只猴子、一只鸡、一只大象、一只羊、一只猫、一只老鼠、一只蝴蝶、一匹马、一头牛、一头羊、一头驴、一条蛇、一条鱼、一条虫、一峰骆驼
表示人和动物器官部位的量词	个、只、颗、根、张、片条 除了"个"和"只"以外其他大都表示形状。 例如: 一个脑子、一颗脑袋、一根头发、一根眉毛、一只眼睛、一个鼻子、一个耳朵、一张嘴、一颗牙齿、一个舌头、一个下巴、一条胳臂、一只手、一个手指头、一个拳头、一条腿、一只脚、一条尾巴、一颗心
表示植物的量词	棵、株 例如: 一棵树、一棵草、一株水稻、一株麦子、一株树、一株小草
表示水果的量词	个 其中"一粒葡萄""一根香蕉"是例外。 例如: 一个苹果、一个橘子、一个梨
表示植物部位的量词	朵、片、条、颗、粒 大都表示形状。 例如: 一朵花、一朵玫瑰、一片叶子、一条根、一颗种子、一粒米
表示食物的量词:	顿、份、个、根、片、块、道、粒 一顿饭、一份早餐、一份中餐、一份西餐、一份点心、一个包子、一个馒头、一根鸡腿、一个鸡蛋、一片肉、一块牛肉、一个三明治、一道菜、一道汤、一片面包、一块蛋糕、一根冰棒、一片饼干、一粒糖果、一片西瓜、一根棒棒糖

续表

表示餐具的量词	根、把、张 一根筷子、一把叉子、一把汤匙、一张餐巾纸
表示家庭用品的量词	张、把、条、个、面、块、台、部、盘 一张桌子、一把椅子、一条沙发、一张床、一条毛巾、一根蜡烛、一盏灯、一个灯泡、一把牙刷、一条牙线、一块香皂、一块桌布、一块手表、一面镜子、一个脸盆、一个桶、一只桶、一把伞、一条绳子、一部电话、一台电视机、一台录影机、一盘录影带、一盘录音带
表示穿戴用品和装饰品的量词	件、条、个、顶、条、只、枚 一件衣服、一条裤子、一个口袋、一顶帽子、一条围巾、一只手套、一只袜子、一只鞋、一只耳环、一枚戒指
表示建筑物的量词	座、栋、扇、堵 一座城、一座桥、一条路、一栋房子、一座别墅、一座高楼、一幢楼房、一座塔、一座庙、一扇窗、一扇门、一面墙、一堵墙、一间房
表示工具的量词	支、枝、块、张 一支笔、一枝花、一张纸、一块墨、一方砚台
表示事件和动作的量词	件、顿、场、通 一件事、一个事件、一个动作、一通电话、一顿毒打、一场球赛、一场战争、一场大火、一阵掌声
表示地理天文气候的量词	座、条、个、颗、朵、阵、场、道 一座山、一条江、一条河、一个湖、一个月亮、一颗星星、一个太阳、一朵云、一阵风、一场雨、一道闪电

练习

一、用所给词语完成句子

1. 来中国留学以前,我对中国文化了解很少。(以前)

(1)_____,我要去超市买东西。

(2)他对我说过,_____。

2. 电视广告是推广新产品的好方法。(推广)

(1)这个产品虽然很好,但_____。

(2)许多国家都在_____。

3. 近十年来,中国人的生活环境得到了很大改善。(改善)

（1）_____，环境污染问题就不能解决。

（2）_____，你应该接受他的好意。

二、根据拼音写汉字

1. 沈阳是中国重要的 gōngyè（   ）城市。

2. 这里 jùjí（   ）了大量的工厂。

3. 对于今天的学习内容，你还有什么 yíwèn（   ）？

4. 在中国生活，最大的 nántí（   ）是听不懂方言。

5. 我建议你们 chéngzuò（   ）动车去北京。

三、根据对话内容选择正确答案

1. 下面哪个"中国第一"不是出自沈阳？（   ）

A. 压缩机　　　　　　　　B. 车床　　　　　　　　C. 汽车

2."工人村"是（   ）。

A. 工人生活区　　　　　　B. 工厂　　　　　　　　C. 城市

3. 在机车博物馆，年龄最大的机车是哪国生产的？（   ）

A. 中国　　　　　　　　　B. 美国　　　　　　　　C. 日本

四、回答问题

1. 介绍一下你眼中的沈阳？

2. 在沈阳，大型工厂都搬到了什么地方？

3. 大型工厂建在城市里会带来什么问题？

旅游文化扩展阅读

工人村——工人生活原生态博物馆

沈阳工人村位于沈阳市铁西区西南部，是新中国的第一处工人住宅区。工人村的房屋多建于 20 世纪 50 年代，它曾经是沈阳工人的生活聚集地，也是当时中国工人生活的缩影。随着工人生活水平的提高和工厂的搬迁，工人村也在不断地变化。如今，这里已经成为一座记录沈阳城市历史的博物馆。这座博物馆就叫"工人村生活馆"。

工人村生活馆包括工人宿舍旧址、人物馆、活动中心等。这里不仅保存着工人们当年的生活用品，还有大量的图片和文字说明。这里既是二十世纪五十年代沈阳工人生活的再现，也是一代中国工人的集体记忆。

在工人村生活馆中，最重要的参观区就是"工人村宿舍旧址"。宿舍为七栋三层红砖楼。在一楼,你可以看到 20 世纪 80 年代工人村里流行的门帘、手帕、采购用的各种票券,以及孩子们的玩具。那些冰车、嘎啦哈、玻璃球,会勾起许多沈阳人的回忆。

工人村生活馆

同时,生活馆还复原了当时工人家庭的室内陈设。无论是厨房用具,还是卧室的摆设都保持了当年的模样。其中一间房子的原主人是工人村的第一批住户,他叫黄禄昶,50 年代住进工人村。现在他的房间里摆放着工厂当年给他的双人木床、旧式大收音机、椅子、小铁碗等生活用品。另一间房子的主人是 70 年代住进来的刘凤原。他的家在当时可以算是现代化家庭。水池旁有洗衣机,房间里有黑白电视机和录音机。到了 80 年代的孟凡荣家,你能看到当时的电子挂钟,电视也有 14 英寸。新婚的白新夫妇家更是有了双开门冰箱。

工人村生活馆里有各种生活实物 5000 余件,老照片 200 多幅。这些东西全部是当年的住户提供的。如今,你时常会看到一些老人在生活馆里回忆自己当年的生活。工人村不只是沈阳工业发展的见证,也充满了沈阳工人的美好回忆。

生活馆宿舍室内陈设

根据短文内容回答问题

1. 沈阳工人村在什么位置?
2. 工人村生活馆里都有什么?
3. 人们为什么去参观工人村生活馆?

 文化交流

沈阳是一座重工业城市,工人占城市人口很大比例。工人的生活成为这个城市生活的重要组成部分。在你们国家,工人们的生活如何?那里有没有这样的工人生活区?

参考词语与句式
以前　工业　都市　位于　生产　住宅　无论……还是

旅游信息小贴士

沈阳工人村生活馆

门　　票:免费

开放时间:周一至周六

　　　　　9:00—11:00

　　　　　14:00—16:00

地　　址:沈阳铁西区赞工街2号

馆内电话:024—85729401

公共交通:可以到工人村生活馆的路线有288、240、4348、204、501、241、264 等,"南十西路"下车。

建议游玩时间:2小时

旅游口语小贴士

Nǐ fáng jiān bù zhì de zhēn piào liang 你 房 间 布 置 得 真 漂 亮!	Your room is furnished beautifully!
Wǒ dài nǐ cān guān yí xiàr wǒ de fáng jiān ba 我 带 你 参 观 一 下儿 我 的 房 间 吧!	I will show you around the house.
Wǒ men jiā shì liǎng shì liǎng tīng 我 们 家 是 两 室 两 厅。	Our house has two bedrooms and two sitting rooms.
Zhè lǐ shì chú fáng hé cān tīng 这 里 是 厨 房 和 餐 厅。	Over here is kitchen and the dining room.
Zhè shì wǒ fù mǔ de fáng jiān 这 是 我 父 母 的 房 间。	This is my parents' room.

春藏锦秀

——沈阳的市花

 会话

大　卫：哇，好漂亮的玫瑰花！是男朋友送的吗？

索菲亚：是我自己买的，我最喜欢玫瑰花了。

林　浩：玫瑰花是"爱情之花"。听说不同数量的玫瑰花代表不同的含义，比如一朵玫瑰花代表我心里只有你一个人，九百九十九朵玫瑰代表我永远爱你。

索菲亚：如果一个男人送给一个女人九百九十九朵玫瑰花，那么代表他很有钱，难道送得越多就越爱对方吗？

林　浩：因为在汉语里，数字"九"和汉字"久"的读音是一样的，所以九百九十九就代表"长长久久"。

索菲亚：那我今天买了七朵玫瑰花，代表什么意思呢？

林　浩：代表"我偷偷爱着你"，因为数字"七"和汉字"期"的读音是一样的，送人七朵玫瑰花，就是期待喜欢的人能够知道"我偷偷爱着你"。

索菲亚：哇，听起来真浪漫，我希望今年的"七夕"也会收到玫瑰花。

大　卫："七夕"代表着什么？

索菲亚："七夕"就是阴历七月初七，是中国的情人节。

大　卫：情人节？在七夕，中国男人也送女人玫瑰花吗？

林　浩：当然，中国人是非常喜欢玫瑰花的，沈阳还将玫瑰花定为市花呢！

大　卫：是吗？那在沈阳玫瑰花一定很受欢迎吧。

索菲亚：听说沈阳世博园里就有个玫瑰园，那里的玫瑰花一年四季都开放着。

大　卫：玫瑰花的花期大概只有十五天，怎样才能让它们一年四季都开花呢？

林　浩：玫瑰园采用了地热采暖技术，既节能又环保。即使室外是冰天雪地，玫瑰园内也温暖如春。

索菲亚：真是太好了！那里有没有黑色的玫瑰花？我以前只在电影里看到过。

林　浩：当然有了，玫瑰园有3000多个品种的玫瑰花。不仅有黑玫瑰、红玫瑰、黄玫瑰、蓝玫瑰还有金玫瑰，是世界上品种最丰富的玫瑰园，有"玫瑰天堂"之称。

大　卫：金玫瑰？我从来没听说过金色的玫瑰。

林　浩：金玫瑰由八万片金箔纯手工制作而成，

玫瑰园的金玫瑰

价值两百万元,是玫瑰园里最大的亮点。

大　卫:哦,原来是这样。这么珍贵的玫瑰花一定要上保险才行。

索菲亚:……

 词语

1	玫瑰	méiguī	N	rose
2	代表	dàibiǎo	V	to represent
3	含义	hányì	N	meaning, implication
4	偷偷	tōutōu	Adv	secretly
5	读音	dúyīn	N	pronunciation
6	期待	qīdài	V	to expect, look forward to
7	阴历	yīnlì	N	lunar calendar
8	定	dìng	V	to designated as
9	花期	huāqī	N	Florescence, blooming date
10	采用	cǎiyòng	V	to adopt
11	地热	dìrè	N	geothermal heating
12	采暖	cǎinuǎn	N	heating
13	节能	jiénéng	Abbr	energy conservation
14	环保	huánbǎo	Abbr	environmental protection
15	即使	jíshǐ	Conj	even if, even though
16	品种	pǐnzhǒng	N	breed
17	天堂	tiāntáng	N	paradise, heaven
18	金箔	jīnbó	N	gold leaf
19	手工	shǒugōng	N	handmade, handwork
20	亮点	liàngdiǎn	N	highlights, bright spot
21	珍贵	zhēnguì	A	valuable, precious
22	保险	bǎoxiǎn	N	insurance

专有名词

1	七夕	Qīxī	Chinese Valentine's Day
2	沈阳世博园	Shěnyáng Shìbóyuán	Shenyang International Horticultural Expo Garden

重点词语与句式

1. 因为在汉语里,数字"九"和汉字"久"的读音是一样的,所以九百九十九就代表"长长久久"。

大部分的形容词可以重叠,重叠后不能受"很、非常、十分"等程度副词的修饰。例如:

干净——干干净净　　热闹——热热闹闹

整齐——整整齐齐　　认真——认认真真

1) 我把宿舍打扫得干干净净。

2) 他的书被摆放得整整齐齐。

3) 同学们认认真真地准备新年晚会的节目。

2. 玫瑰花的花期大概只有十五天,怎样才能让它们一年四季都开花呢?

"怎样"用于疑问句,询问动作行为的方式,可以用于主语前,也可用于主语后。例如:

1) 埃及金字塔是怎样建成的?

2) 怎样才能减少空气污染?

3) 我该怎样称呼你?

3. 即使室外是冰天雪地,玫瑰园内也温暖如春。

"即使"表示假设和让步。常用于"即使……也"句式,"即使"说出假设的情况,"也"说明在前文所说的情况下,结果仍然不改变。可用于主语前后。例如:

1) 即使下雨我也要去。

2) 即使妈妈反对,我也要这样做。

3) 你即使不说,我们也明白。

4. 金玫瑰由八万片金箔纯手工制作而成,价值两百万元,是玫瑰园里最大的亮点。

"由",介词,引进构成事物的成分、材料或方式等。例如:

1) 我们班的二十个同学是由来自七个国家的人组成的。

2) 一年是由三百六十五天组成的。

3) 这个蛋糕是由榴莲做的。

练习

一、用所给的词完成句子

1. 你妈妈凡事都替你考虑，_____。（代表）

2. _____，我一个人也能做完。（即使）

3. 这件衣服实在太漂亮了，_____。（即使）

4. 这次比赛是_____组成的。（由）

5. 玫瑰园里金色的玫瑰花是_____做的。（由）

二、根据拼音写汉字

1. 上课的时候，他总是 tōutōu（_____）玩手机。

2. 我 qīdài（_____）你这次面试能够成功。

3. 七夕节是在 yīnlì（_____）七月初七。

4. 这朵玫瑰花是什么 pǐnzhǒng（_____）的？

5. 大熊猫是一种 zhēnguì（_____）的动物。

三、根据对话内容选择正确答案

1. 多少朵玫瑰代表"我永远爱你"？（_____）

A. 1   B. 7   C. 999

2. 七夕是哪一天？（_____）

A. 阴历七月初七   B. 阴历五月初五   C. 阴历六月初六

3. 沈阳的市花是什么花？（_____）

A. 白玉兰   B. 牡丹   C. 玫瑰

四、回答问题

1. 玫瑰花的花期是多长时间？

2. 世博园里的玫瑰花为什么能够一年四季开花？

3. 玫瑰园有多少种玫瑰花？

旅游文化扩展阅读

荷花之乡小西湖

在中国的古代,有很多描写荷花的诗词,如唐代李白的"清水出芙蓉,天然去雕饰",南宋杨万里的"接天莲叶无穷碧,映日荷花别样红",清代石涛的"荷叶五寸荷花娇,贴波不碍画船摇,相到薰风四五月,也能遮却美人腰。"都是咏荷的名句。人们赞美荷花的美丽,更欣赏荷花的高贵品格,将其视为清白、高洁的象征(xiàng zhēng symbol)。中国人对荷花情有独钟,这"花中君子"从古代开始就被人们广泛栽种。提到荷塘,人们常常会想到水天一碧的江南水乡。其实,在沈阳也有一处神奇美丽的荷塘,那就是沈阳小西湖。

小西湖

说起小西湖的满塘荷花,至今还流传着一段美丽的传说。据说,清初年间,这里住着一位美丽善良的姑娘,名叫李莲。她父母早逝,家境贫寒,从小就跟青梅竹马的关成相依为命(xiāng yī wéi mìng stick together and help each other in difficulties)。李莲是个非常孝顺的女儿,经常去给父母上坟,但是她没钱买纸,就只能从西河塘采一些莲花和荷叶插在坟前。一次,因为思念情切,李莲不禁在坟前哭了起来,没想到泪水滴到荷花上,荷花竟然在旱地里茂盛地生长起来。从此,人们纷纷称李莲为"莲花姑娘"。

李莲长到十八岁,出落得亭亭玉立、美丽大方,很多富豪乡绅前来提亲,可是她不为所动,就只跟关成要好。但是没想到,有一年朝廷颁下圣旨,要挑选美女进宫。李莲的村里有个张乡绅因为向李莲求亲被拒心有不甘,所以就向朝廷的钦差推举了李莲。为了躲避进宫,李莲连夜逃走了。当逃到蒲河边时,河水挡住了李莲的去路。眼看官兵就要追上来了,李莲不甘心被捉,就闭上眼睛跳进了蒲河里。说也奇怪,自从李莲姑娘跳进蒲河之后,河里便长满了荷花,而且越来越茂盛。人们都说李莲已经化为这河中的荷花仙子,所以人们又把这里称为仙子湖,也就是今天的小西湖。

如今的小西湖已经成为沈阳人们游乐赏荷的一个好去处。每年的七八月份,坐在曲桥上的凉亭里,湖面上静静矗立的荷花赏心悦目,一阵微风习来,荷花宛如亭亭玉立的少女一般轻轻摇曳,送来阵阵清香。这一刻,你仿佛已置身于江南水乡。

根据短文内容回答问题

1. "清水出芙蓉,天然去雕饰"是谁的诗?

2. 在中国,荷花象征着什么?

3. 李莲为什么被人们称为"荷花姑娘"?

4. 李莲跳进蒲河里后发生了什么事情?

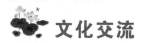 **文化交流**

请介绍一下你最喜欢的花。

参考词语与句式
代表　期待　即使……也　依然　珍贵

 旅游文化小贴士

中国七大传统节日			
标识	时间	起源	习俗
春节 The Spring Festival 时间:农历正月初一	起源于中国殷商时期的年头岁末祭神、祭祖活动。春节俗称"年节",是中华民族最隆重的传统佳节。	守岁、放鞭炮、贴春联、拜年、吃饺子。	
元宵节 Lantern Festival 时间:农历正月十五	起源于秦朝,是一年中第一个月圆之夜,也是一元复始,大地回春的夜晚,人们对此加以庆祝,也是庆贺新春的延续。	吃元宵、踩高跷、猜灯谜、舞龙、赏花灯、舞狮子等风俗。	
清明节 Tomb－sweeping Day 时间:公历4月5日	中国汉族传统的清明节大约始于周代,距今已有二千五百多年的历史,是祭祖和扫墓的日子。	扫墓、踏青、荡秋千、蹴鞠、打马球、荡秋千、插柳。	
端午节 Dragon Boat Festival 时间:农历五月初五	最初是中国人民祛病防疫的节日,后因诗人屈原在这一天去世,便成了中国汉族人民纪念屈原的传统节日,部分地区也有纪念伍子胥、曹娥等说法。	悬钟馗像、插艾草菖蒲、赛龙舟、吃粽子、饮雄黄酒、佩香囊。	
七夕节 Double Seventh Festival 时间:农历七月初七	起源于对自然的崇拜及妇女穿针乞巧,后被赋予了牛郎织女的传说,使其成为象征爱情的节日,被认为是中国的"情人节"。	穿针乞巧、喜蛛应巧、投针验巧、兰夜斗巧、染指甲、吃巧果。	

中国七大传统节日			
标识	时间	起源	习俗
中秋节 The Mid Autumn festival 时间:农历八月十五		中秋节始于唐朝初年,盛行于宋朝。这一天正当秋季的正中,故称"中秋"。到了晚上,月圆桂香,旧俗人们把这种现象看作是大团圆的象征,也是赏月的佳节。	拜月、赏月、观潮、燃灯、猜谜、吃月饼、饮桂花酒、玩花灯、烧塔。
重阳节 Double Ninth Festival 时间:农历九月初九		中国传统四大祭祖的节日之一,早在战国时期就已经形成,到了唐代被正式定为民间的节日,重阳这天所有亲人都要一起登高"避灾"。	出游赏景、登高远眺、观赏菊花、遍插茱萸、吃重阳糕、饮菊花酒。

旅游口语小贴士

Gōng hè xīn xǐ wàn shì rú yì 恭贺 新禧,万事 如意。	Best wishes for the holidays and happiness throughout the New Year.
Xī wàng nǐ yǒng yuǎn kuài lè jiàn kāng 希望 你 永远 快乐、健康。	Wish you happiness and health forever.
Yuàn nǐ zài wèi lái de yì nián lǐ jí xīng 愿 你 在 未来 的 一 年 里,吉星 gāo zhào 高照。	Best of luck in the year to come.
Xī wàng wǒ men yǒu yì cháng cún 希望 我们 友谊 长存。	Hope our friendship will last forever.
Zhù nǐ shì yè chéng gōng jiā tíng měi mǎn 祝 你 事业 成功,家庭 美满	Wish you success in your career and happiness of your family!

望闻问切

——神奇的中医

 会话

索菲亚:李白,你的房间里是什么味道?真呛人!

李　白:我在熬中药。

索菲亚:中药?你生病了吗?

李　白:最近我觉得胃有点儿不舒服,可能是得了胃病。

索菲亚:你为什么不去看西医?听说熬中药很麻烦,而且中药的味道特别苦。

李　白:虽然中药的味道特别苦,但是中药大部分取材于大自然,所以副作用比较小。而且我这次去看中医也是为了了解一下中医怎么看病。

索菲亚:我在电视里看到过。医生不用听诊器,直接把手指放到病人的手腕上就能看病,我觉得很神奇。

李　白:那叫号脉。"望闻问切"是中医诊断常用的四种手段。通过看人的脸色、说话的声音、详细地询问以及触按身上的穴位来看病。

针灸

索菲亚:这么神奇!那学中医一定很难吧。

李　白:是啊,听说培养一个中医大夫难度是非常大的。西医依赖医疗器械和药品,但是中医需要丰富的临床经验,一个中医大夫至少也得号几千个人的脉才能学会号脉的技术。

索菲亚:那真不容易!不过,我听说用中医治疗,过程是很漫长的,往往吃中药就要吃好几个月,而用西医治疗,病几天就治好了。

李　白:中医和西医对健康的理解是不同的。中医把人体看成一个整体,一个器官有病会连累其他器官。西医则是哪个器官有病就看哪个,不讲究联系。中医在于调,见效慢;西医在于救,见效快。各有各的长处。

索菲亚:也就是说,如果我感冒了,那么造成感冒的原因可能很复杂?

李　白:产生感冒的原因很多,天气冷、热,空气潮湿都有可能造成感冒,也有可能是身体其他器官出了问题,中医会根据感冒的原因对症下药。

索菲亚:看来中医理论真是博大精深啊!

李　白：是啊，中医也有很多独特的治疗方法，比如针灸、按摩、拔罐等等。

索菲亚：真的吗？那太有意思了，有机会我要去见识一下。

 ## 词语

1	中医	zhōngyī	N	traditional Chinese medicine science
2	呛	qiàng	V	to irritate(respiratory organs)
3	熬	áo	V	to cook in water
4	中药	zhōngyào	N	traditional Chinese medicine
5	胃	wèi	N	stomach
6	西医	xīyī	N	Western medicine
7	麻烦	máfan	A	troublesome, inconvenient
8	取材	qǔcái	V	to draw materials
9	副作用	fùzuòyòng	N	side effect
10	听诊器	tīngzhěnqì	N	stethoscope
11	手腕	shǒuwàn	N	wrist
12	号脉	hàomài	V	to feel the pulse
13	望	wàng	V	to look
14	闻	wén	V	to listen
15	问	wèn	V	to ask
16	切	qiè	V	to feel the pulse
17	诊断	zhěnduàn	N	diagnosis
18	通过	tōngguò	Prep	though
19	触	chù	V	to touch
20	按	àn	V	to press
21	培养	péiyǎng	V	to train
22	难度	nándù	N	difficulty
23	依赖	yīlài	V	to rely on, to depend on
24	临床	línchuáng	A	clinical
25	治疗	zhìliáo	N	therapy, treatment
26	过程	guòchéng	N	course, process
27	漫长	màncháng	A	very long
28	整体	zhěngtǐ	N	whole, entirety

29	器官	qìguān	N	organ, apparatus
30	连累	liánlèi	V	to implicate
31	讲究	jiǎngjiū	V	to pay attention to
32	调	tiáo	V	to adjust
33	见效	jiànxiào	V	to become effective
34	潮湿	cháoshī	A	moist
35	理论	lǐlùn	N	theory
36	博大精深	bódà jīngshēn	IE	extensive and profound
37	针灸	zhēnjiǔ	N	acupuncture and moxibustion
38	按摩	ànmó	N	massage
39	拔罐	báguàn	N	cupping

 重点词语与句式

1. 我这次去看中医也是为了了解一下中医怎么看病。

"为了",介词,表示动作行为的目的。例如:

1)为了观看盛开的玫瑰,我特意去了一趟沈阳世博园。

2)为了我们的友谊,干杯!

3)为了健康,我们应该坚持锻炼身体。

比较"为了"和"因为"

同:都可作介词,表示事情发生的原因。例如:

4)小王因为(为了)这件事,一个晚上没有睡着。

"因为"表示原因和理由,后面常用关联词"所以",表示因果关系。"因为"一般在前一分句,有时也可以在后一分句。

"为了"除了表示原因以外还表示动作行为的目的。例如:

5)为了减少空气污染,我们应该减少开车。(√)

6)因为减少空气污染,我们应该减少开车。(×)

2. 通过看人的脸色、说话的声音、详细地询问以及触按身上的穴位来看病。

"通过",介词,引出为达到某种目的必须用的方式、手段等。"通过"常和它的宾语构成介宾短语在句中作状语。例如:

1)通过朋友的帮助,我终于买到了那本书。

2)通过一年的努力,我终于考上了理想的大学。

3)通过拍这部电视剧,他获得了很多表演经验。

3. 一个中医大夫至少也得号几千个人的脉才算学会了号脉技术。

"至少",副词,表示最低限度。可用在动词或数量短语前;也可用在主语前,但需要停顿。例如:

1)我每个星期至少给家里打一个电话。

2)这件衣服至少两千块钱。

3)至少你要把作业做完再睡觉。

4. 也就是说,如果我感冒了,那么造成感冒的原因可能很复杂?

"也就是说"因一分句提到的原因而推出结论。例如:

1)他昨天请假了,也就是说,他今天不来上课了。

2)他这次 HSK 五级考试得到了一百八十一分,也就是说,他通过了这次考试。

3)他腿受伤了,也就是说,他不能参加长跑比赛了。

 练习

一、用所给的词完成句子

1. _____,他改乘了飞机。(为了)

2. _____,你必须少点儿吃饭。(为了)

3. _____,他的汉语水平得到了很大提高。(通过)

4. _____,他的病终于好了。(通过)

5. 这次运动会,_____。(至少)

二、根据拼音写汉字

1. 你遇到什么 máfan(_____)了吗?

2. 医生,请问吃这种药有什么 fùzuòyòng(_____)吗?

3. 他非常 yīlài(_____)父母,所以不愿意住在学校宿舍。

4. 冬天的时候,北方的天气干冷,南方的天气 cháoshī(_____)。

5. 中华文化真是 bódà jīngshēn(_____)啊!

三、根据对话内容选择正确答案

1. 一个中医师需要(_____)。

A. 有丰富的临床经验　　　B. 毕业于名牌大学　　　C. 熟练使用医疗器械

2. 下面哪一项不是中药的特点？（　　　　）

A. 见效快　　　　　　　　B. 副作用小　　　　　　C. 味道苦

3. 下面哪一项不是中医的治疗方法？（　　　　）

A. 针灸　　　　　　　　　B. 拔罐　　　　　　　　C. 打点滴

四、回答问题

1. 中药有什么特点？

2. "望闻问切"是什么意思？

3. 中西医对健康的理解有什么不同？

 **旅游文化扩展阅读**

华佗与麻沸散

华佗是我国古代杰出的医学家，他医术高明，被人们誉为"神医"。早在公元 2 世纪，华佗就已经用传统中药给病人麻醉（mázuì　anesthesia）进行外科手术了。西方医学使用麻醉药是在十九世纪四十年代，华佗在中医外科手术中使用麻醉药的历史至少比西方早 1600 余年。他发明的"麻沸散"为外科医学的开拓和发展做出了巨大贡献。

东汉末年，华佗是有名的医生，常常要给病人做手术。那时候，因为没有麻醉剂，手术时病人往往要忍受巨大的疼痛，有的时候疼得拳打脚踢，看着病人痛苦的样子，华佗十分心疼，可又找不到好的办法。

有一天，几个小伙子抬来一个昏迷不醒的汉子求华佗医治。华佗一检查，发现这个人的脚摔断了，而且伤势很严重，华佗立即给他动手术。他让助手按住伤者，防止伤者在手术的过程中乱动。结果在整个手术过程中，那人不仅没有挣扎，连一声呻吟都没发出。华佗做过不少手术，这种现象还是第一次碰到。正当他感到迷惑的时候，从病人身上传来股浓烈的酒味儿，这时华佗恍然大悟（huǎngrándàwù　come to understand suddenly）。人醉了会失去知觉，动手术时也就没有了感觉，自然就不知道疼了。华佗又想如果能制成这样一种药，手术前让病人吃下去，他就会失去知觉，然后再动手术，不就可以减轻病人的痛苦了吗？想到这儿，华佗高兴极了，恨不得立刻配出这种药来。从此以后，凡是遇到有需要动手术的病人时，华佗就叫病人喝酒来减轻疼痛。可是问题又出现了，有的时候手术时间长，病人伤口深，流血过多，光用酒精不能完全解决问题，华佗又陷入迷茫之中。

后来，有一次出外行医，华佗遇到了一个奇怪的病人。这个病人牙关紧闭、口吐白沫，躺在床上不能

华佗

动弹。不管怎么叫他、打他均无知觉。华佗看他脸色,摸他的脉搏、体温都很正常,没有发现任何问题。所以,华佗就去询问病人的家属。病人的家人说:"他平时身体十分健康,并没有什么疾病,只是今天误吃了几朵臭麻花子后,才变成这样的。"华佗叫病人家属去找了些臭麻花子(chòumáhuāzǐ a plant),他看了又看,闻了又闻,又摘了一朵花放进嘴里嚼了几下,顿觉头晕目眩,满嘴发麻。华佗惊觉:这种草药的麻性真大,比白酒的麻性来得还要强烈。于是在治愈了病人之后,他向家属要了一些臭麻花子,带回去作进一步研究。

后来,华佗通过无数次的试验,发现这种草药的确有很强的麻醉作用,而且效果理想。又经过多次不同配方,不同剂量的反复对比试验,终于发明了中药麻醉剂——麻沸散。从此,手术室里再也听不到哭喊声了。

根据短文内容回答问题

1. 在外科手术中使用麻醉药,中国比西方早了多少年?
2. 华佗发明的麻醉药叫什么名字?
3. 醉汉为什么在做手术的时候没有挣扎?
4. 华佗是如何发现臭麻花子有麻醉作用的?

 **文化交流**

请介绍一下你们国家治病的一些小偏方。

参考词语与句式
麻烦　神奇　通过　过程　见效

 **旅游信息小贴士**

沈阳主要的医院

辽宁中医药大学附属医院

电话:024－31961114(总机)024－31961603(导诊台)024－31961120(急诊)

地址:沈阳市皇姑区北陵大街33号

轨道交通:地铁二号线在"辽宁中医站"下车即是

公交路线:136路、162路、205路、210路、213路、217路、220路、227路、245路、265路、299路、800路、290路、观光巴士1号线、279路等公交车到"辽宁中医站"下车即是。

中国医科大学附属第一医院

电话:024－83283333(总机)024－961200(网上预约)

地址:沈阳市沈河区南京北街155号

公交路线:115路、210路、220路、231路、264路、277路、282路等公交车到"医大一院站"下车即是。

中国医科大学附属盛京医院

电话：024－96615（总机）

地址：沈阳市和平区三好街 36 号

公交路线：117 路、135 路、152 路、222 路、225 路、244 路、265 路、239 路、272 路、282 路、289 路、环路[环一]、环路[环二]、222 路复线、188 路、109 路、173 路、K801 路、K802 路等公交车到"盛京医院南湖院区"下车即是。

中国医科大学附属第四医院

电话：024－62255001（崇山院区医务科）

地址：沈阳市于洪区崇山东路 4 号

公交路线：325 路、328 路、113 路、131 路、213 路、245 路、271 路、299 路、399 路、127 路等公交车到"崇山路鸭绿江东街"下车即是。

沈阳骨科医院

电话：024－31390799

地址：沈阳市大东区东北大马路 115 号

公交路线：383 路、112 路、132 路、211 路、213 路、148 路、219 路、229 路、221 路、245 路、258 路、259 路、298 路、127 路等公交车到"市骨科医院"下车即是。

 旅游口语小贴士

Má fan nǐ bāng bang wǒ ba 麻烦 你 帮帮 我 吧。	Could you help me?
Qǐng sòng wǒ qù yī yuàn 请 送 我 去 医院。	Please take me to the hospital.
Guà yí gè nèi kē 挂 一个 内科。	I'd like to register for internal medicine.
Wǒ gǎn mào le liú bí tì ké sou sǎng zi yě téng 我 感冒 了，流 鼻涕、咳嗽、嗓子 也 疼。	I caught a cold. I have a cough, a runny nose and a sore throat.
Wǒ de tuǐ shuāi shāng le tè bié téng 我 的 腿 摔 伤 了，特别 疼。	I fell down and hurt my leg. It's aching terribly.

桃李荫浓

——沈阳的学校

东北讲武堂

东北大学

 会话

索菲雅：王老师，您能帮我解释一下这句诗的意思吗？

王老师：没问题，让我看看。

索菲雅：您看这句"岂曰无衣，与子同泽"是什么意思？

王老师：哦，这是《诗经》中的一句诗。它的大概意思是：谁说你没有军装？我和你同穿那件衬衫。

索菲雅：同穿一件衬衫？太奇怪了，他们为什么同穿一件衣服？

王老师：这首诗写在战争开始前，士兵用这首诗来相互鼓励，全力以赴，投入战斗。

索菲雅：原来如此。难怪我一直不能理解。

王老师：你最近研究起中国诗歌了吗？

索菲雅：不是这样，前几天我看了一篇关于沈阳学校的文章，那里提到了这句诗。

王老师：哦，那所学校应该是同泽中学。学校的校名就出自你说的这首诗。

索菲雅：没错，这所学校的历史很悠久吧？

王老师：1926年至1928年之间，张将军创办了同泽中学。当时，他十分推崇士兵们共赴战场、保家卫国的精神。他特意将学校命名为"同泽"，目的是激励学生，努力学习，振兴中华。

索菲雅：听说在沈阳还有一所大学和张学良将军也有关系。

王老师：对呀，那就是东北大学。东北大学成立于1922年。1928年张学良将军亲自担任校长，在他的倡导下，学校不仅创建了中国第一个建筑系，而且还开始招收女学生。在当时的社会条件下，这是非常难得的。

索菲雅：看来张学良将军为沈阳教育的发展做出了很大贡献。

王老师：张学良将军非常重视教育。他宁可拿出家产，也要发展教育，提高国民素质。

如果你想了解沈阳的历史名校,那么还有一所学校你不能错过。

索菲雅:是什么学校?

王老师:那就是东北讲武堂。你猜猜这是什么类型的学校?

索菲雅:讲武堂,我感觉应该是和武术有关的学校。

王老师:的确有点儿关系。这所学校在历史上是中国四大军官学校之一,1906 年创
　　　　立。当年,东北地区许多优秀将领都是毕业于这所学校。比如,刚才提到的
　　　　张学良将军就是这所学校的第一批毕业生。所以,在中国近代军事史上,东
　　　　北讲武堂占有非常重要的地位。

索菲雅:王老师,我真没想到沈阳的学校还有这么悠久的历史。看来,我要仔细研究
　　　　一下了。

 词语

1	解释	jiěshì	N/V	explaination;to explain,to expound
2	岂曰无衣, 与子同泽	qǐ yuē wú yī yǔ zǐ tóng zé	IE	a phrase in the poem
3	衬衫	chènshān	N	shirt, undies
4	鼓励	gǔlì	V	to encourage
5	全力以赴	quánlìyǐfù	IE	devote every effort to
6	投入	tóurù	V	to put into, to throw into
7	战斗	zhàndòu	N/V	fight, battle, militant; to fight
8	出自	chūzì	V	to originate from
9	创办	chuàngbàn	V	to establish, to set up
10	推崇	tuīchóng	V	to recommend, to advocate
11	命名	mìngmíng	V	to nominate, to name
12	保家卫国	bǎojiā wèiguó	IE	protect our homes and defend our country
13	激励	jīlì	V	to encourage, to inspire
14	振兴	zhènxīng	V	to develop vigorously
15	亲自	qīnzì	Adv	personally, in person
16	担任	dānrèn	V	to assume the office of, to hold the post of
17	倡导	chàngdǎo	V	to initiate, to propose
18	招收	zhāoshōu	V	to recruit, to take in
19	素质	sùzhì	N	quality, diathesis
20	错过	cuòguò	V	to miss
21	类型	lèixíng	N	type, mold, genre, style
22	武术	wǔshù	N	martial arts
23	军官	jūnguān	N	officer, military officer

专有名词

1	《诗经》	Shī jīng	The book of songs
2	同泽中学	Tóngzé Zhōngxué	Tongze Middle School
3	东北讲武堂	Dōngběi Jiǎngwǔtáng	The Northeast Officers Leadership School

重点词语与句式

1. 他特意将学校命名为"同泽",目的是激励学生、努力学习,振兴中华。

"特意",副词,表示专门为了某一件事情,也可为"特地"。例如:
1)他特意从美国给你买了礼物。
2)他特意打电话表示慰问。
3)这些好吃的都是特意为你准备的。

2. 1928 年张学良将军亲自担任校长。

"亲自",副词,强调动作或行为由自己直接进行。一般用于动词前。例如:
1)知道你今天回来,他亲自做了好多菜。
2)开学第一天,老师亲自来宿舍看大家。
3)这件事你亲自去一下,和他当面谈谈。

3. 在当时的社会条件下,这是非常难得的。

"难得",形容词,表示不容易做到或办到,含有宝贵、可贵的意思。例如:
1)这次出国留学的机会很难得。
2)这样优秀的汉语人才真是难得。
3)他在一年内两次打破了世界纪录,这十分难得。

4. 他宁可拿出家产,也要发展教育,提高国民素质。

"宁可",副词,表示在比较之后选取一种合适的做法。一般用在动词前,也可用在主语前。例如:
1)他宁可自己少休息点,也要把工作干好。
2)宁可自己辛苦,也不能委屈了孩子。
3)我宁可自己多干点,也不能麻烦你。
在"宁可……也要"中,"也要"后加上这样做的目的。

 练习

一、用所给词语完成句子

1. 这句诗出自中国的《诗经》。（出自）

(1) 别小看了这幅画，它 _____。

(2) 这个故事 _____。

2. 为了保证口味，他总是亲自下厨。（亲自）

(1) 他对工作的要求很高，每次 _____。

(2) _____，才知道这件事不容易。

3. 同泽女子中学是由张学良将军创办的。（创办）

(1) _____，为了提高工人的技术水平。

(2) 只有 _____，才可以满足当时中国的教育需求。

二、根据拼音写汉字

1. 对于那些难度较大的词，老师会重点地 jiěshì（　　　　　）给我们。

2. 虽然大家的考试成绩不太好，但老师还是 gǔlì（　　　　　）我们继续努力。

3. 这所学校是以他的名字 mìngmíng（　　　　　）的。

4. 近几年，中国政府在大力倡导 sùzhì（　　　　　）教育。

5. 他是个电影迷，对不同 lèixíng（　　　　　）的电影都有研究。

三、根据对话内容选择正确答案

1. 同泽中学是哪年创办的？（　　　　　）

A. 1923 年　　　　　　　　B. 1928 年　　　　　　　　C. 1922 年

2.《诗经》是（　　　　）。

A. 一本诗集　　　　　　　B. 一本小说　　　　　　　C. 一本教材

3. 东北讲武堂是一所（　　　　）。

A. 军官学校　　　　　　　B. 武术学校　　　　　　　C. 女子中学

四、回答问题

1. 介绍一下同泽中学的历史？

2. 在沈阳，哪些学校与张学良将军有关系？

3. 张学良将军对东北大学有什么贡献？

旅游文化扩展阅读

同泽女子中学

在沈阳故宫西侧,怀远门内的一条小路上,有一所历史悠久的学校,名为同泽女子中学。1928年,张学良为改善家乡女子教育创办此校,并取名"同泽"。

同泽女中的教学楼是一座中西结合的建筑。从外观看,教学楼给人一种挺拔、壮观的感觉,代表着学生的生机与活力。教学楼共有三层,一层为半地下式的室内体育馆;二层为礼堂,礼堂两侧为教室和办公室;三层为教室。内部楼梯和墙围用红色木头配合金属装饰,墙体洁白如玉,给人一种纯洁高雅的感觉。在礼堂的门前挂着一幅对联:与子同泽,与子偕作;女校光明,中国光明。这正是张学良创办同泽女中的初衷。

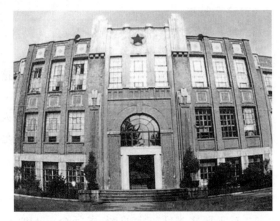

同泽女子中学

同泽女中的校园里保留着许多"文物"。在校园内,几株梧桐树有七八十年的树龄,人们都说这是张学良将军当年亲手栽种的。而学校的"镇校之宝"则是一件完整的东北虎标本。这只东北虎标本从1929年就保存在学校,也是全国惟一由学校收藏的老虎标本。说起这只老虎标本也有来历,这是当年张作霖的老虎标本,原本是一对,一只在大帅府里的老虎厅,一只就在同泽女子中学。经过八十年风雨,现在只有这件标本被保存下来。

张学良将军当年非常重视教育,他吸收西方教育思想,打破传统教育限制,重视发展女子教育,正是在这种思想下,才有了今天的同泽女子中学。

根据短文回答问题

1. 同泽女子中学在什么位置?
2. 同泽女子中学的"镇校之宝"是什么?
3. 同泽女子中学的教学楼内部是什么样的?

 文化交流

学校是一座城市的重要组成部分。每座学校都记录着一段城市发展史。在你生活的城市,有哪些著名的学校?向我们介绍一下这些学校的历史。

参考词语与句式

来自 鼓励 推崇 担任 特意 亲自 宁可……也要

 旅游文化小贴士

沈阳不可移动文物一览

"奉天满铁铁道总局"旧址	位于沈阳市和平区太原北街 4 号,现为沈阳铁路局用房。满铁成立于 1906 年,是二战期间日本在中国东北的重要机构。	
"奉天邮电管理局"旧址	位于沈阳市和平区市府大路 157 号,现房为省邮电管理局用房。1927 年由荷兰人设计施工,建筑为欧式特色,平面呈"L"型,楼顶有绿色宝顶钟楼。	
同泽俱乐部	位于沈阳市和平区七纬路 14 号,1929 年张学良在沈阳西华门投资兴建,为欧陆式建筑。	
"满洲中央银行千代田支行"旧址	位于沈阳市和平区南京北街 312 号,建于 1928 年。	

续表

"原志诚银行营业楼"旧址	位于沈阳市和平区中华路118号,建于1932年,砖石结构,立面造型为古典三段式,对称构图,现为工商银行沈阳市分行。	
"秋林公司营业楼"旧址	位于沈阳市和平区中山路90号,1923年兴建,俄式建筑。	
俄国(日本)驻奉天总领事馆旧址	位于沈河区北三经街9号,现在为沈阳迎宾馆的一部分,欧式建筑。	

 旅游口语小贴士

公共标志和说明(一)

Yíng yè shí jiān 营 业 时 间	Business Hours
Bàn gōng shí jiān 办 公 时 间	Office Hours
rù kǒu 入 口	Entrance
chū kǒu 出 口	Exit
tuī 推	Push
lā 拉	Pull

Jìn zhǐ xī yān 禁 止 吸 烟	No Smoking
Qǐng wù pāi zhào 请 勿 拍 照	No Photos
Yóu rén zhǐ bù 游 人 止 步	No Visitors
Jìn zhǐ rù nèi 禁 止 入 内	No Entry
Xián rén miǎn jìn 闲 人 免 进	No Admittance
Tíng chē chù 停 车 处	Parking
Wèn xùn chù 问 讯 处	Information
Shòu piào chù 售 票 处	Ticket Office
dǎ zhé 打 折	On Sale

老街寻踪

——沈阳的街道

 会话

大　卫：敏智，你最近去哪儿了？我好久没看到你。

朴敏智：我去北京旅行了。

大　卫：去北京？这次你逛了什么地方？

朴敏智：前一段时间，我看了一篇介绍北京胡同的文章，就突然想去北京体验一下。
　　　　胡同里确实有书本上没有的知识。逛胡同也是了解中国文化的好途径。

大　卫：既然你已经了解了北京胡同，那我考考你，咱们生活的这座城市，沈阳的街道
　　　　你了解多少？

朴敏智：沈阳的街道？这可难倒我了。我只知道沈阳有黄河大街、青年大街、北陵大
　　　　街，可是说到历史可不太清楚。

大　卫：沈阳也有许多街道非常值得研究。比如我们经常走的华山路，距今就有五百
　　　　多年的历史。

朴敏智：五百多年？我真没想到。

大　卫：最早在明朝时，为了让军队与商人们进出沈阳方便，国家修建了这条路。到
　　　　了清朝，努尔哈赤、皇太极又对这条路进行了维护。在道路两边种植了柳树，
　　　　人称"迎宾柳"。后来，清朝皇帝们回沈阳祭祀祖先也一定从这条路经过。当
　　　　年，这条路是不允许普通百姓通过的。它是一条皇家"御路"。

朴敏智：没想到我们的身边就隐藏着这么一条历史悠久的街道。

大　卫：要论历史悠久，沈阳的通天街历史更久。

朴敏智：快给我介绍一下。

大　卫：在中国，皇帝们都称自己是"天子"，通往天子居住地的道路，就叫做通天路。这是"通天街"名字的来源。这条街是沈阳古城最古老的一条街。元朝时就已经存在，距今有七百多年。

朴敏智：看来你对历史真有研究。这些街道有什么历史故事或民间传说吗？

大　卫：当然有。在沈阳，许多小街道都有自己的民间传说，比如铁西的艳粉街。

朴敏智：艳粉街，这个名字真好听。

大　卫：好听的名字背后有一个心酸的故事。据说三百年前，艳粉街附近是一个种胭脂豆的小村子。村里一位李姑娘为村民杀死了一个坏人，却因此被判了死刑。她死后，村民把她埋在村旁的小路上。第二年，在那条小路上就长满了美丽的胭脂花。人们都说这些花就是那位姑娘变的，于是将那条小路命名为胭粉街。到了现代，由于城市改造，这条街才变成了"艳粉街"。

朴敏智：大卫，你知道得可真多。有空儿我们一起去这些街道转转吧。

 词语

1	胡同	hútòng	N	alleyway, lane ,bystreet
2	文章	wénzhāng	N	essay, article, literary works
3	体验	tǐyàn	N/V	to experience, to learn through practice
4	途径	tújìng	N	road, avenue, way, channel
5	咱们	zánmen	Pr	we
6	街道	jiēdào	N	street, road, residential district
7	难倒	nán dǎo	VC	to daunt, to stump
8	维护	wéihù	V	to maintain, to defense, to stick up for
9	种植	zhòngzhí	V	to farm
10	柳树	liǔshù	N	willow, osier, withy
11	祖先	zǔxiān	N	ancestors, ancestry, forefathers
12	允许	yǔnxǔ	V	to permit, to allow
13	百姓	bǎixìng	N	common people, people
14	天子	tiānzǐ	N	the Son of Heaven, the emperor
15	隐藏	yǐncáng	V	to hide, to conceal
16	心酸	xīnsuān	A	be grieved, feel sad
17	据说	jùshuō	V	it is said
18	埋	mái	V	to cover, to bury

专有名词

1	黄河大街	Huánghé Dàjiē	The Huanghe Street
2	青年大街	Qīngnián Dàjiē	The Qingnian Street
3	北陵大街	Běilíng Dàjiē	The Beiling Street
4	华山路	Huàshān Lù	Huashan road
5	明朝	Míngcháo	Ming Dynasty
6	御路	yùlù	imperial path
7	通天街	Tōngtiān Jiē	Tongtian Street
8	元朝	Yuáncháo	Yuan Dynasty
9	艳粉街	Yànfěn Jiē	Yanfen Street
10	胭脂豆	yānzhīdòu	ruge beans

重点词语与句式

1. 我看了一篇介绍北京胡同的文章,就突然想去北京体验一下。

"突然",形容词,表示情况发生得急促,没有想到,出乎意料。前面可以加"很、太、非常、特别"等副词修饰。例如:

1)这件事发生得很突然。

2)突然的变化打乱了他的工作。

副词,表示急促且出人意料。例如:

3)刚才还是晴天,突然就下起了雨。

4)我们都在睡觉,电话突然响了。

比较"突然"与"忽然"

作为副词,"突然"与"忽然"用法相同。作为形容词,只能使用"突然"。一般不可以使用"很忽然""特别忽然"等类似用法。

2. 咱们生活的这座城市沈阳,这里的街道你了解多少?

"咱们",代词,称呼说话人和听话人双方,一般用于口语。例如:

1)这是咱们的新宿舍,快进来看看。

2)你在中国没什么朋友,以后咱们就是朋友了。

3)听说小王生病了,咱们得去看看他。

比较"咱们"和"我们"

"咱们",包括说话人与听话人双方,与"他们"相对。例如:

4)咱们明晚一起去看电影吧。("咱们"与其他人相对)

"我们",不包括听话人,与"你们"相对。例如:

5)我们明晚去看电影。("我们"与听话的"你们"相关)

3. 清朝皇帝们回沈阳祭祀祖先也一定从这条路经过。

"经过",动词,表示从某处通过。例如:

1)这列火车从北京经过。

2)往北走,经过一家医院才能到北陵公园。

表示经历某件事。例如:

3)经过大会讨论,这份公司发展计划才得到全体员工认可。

4)经过调查,我们了解了事情的真相。

4. 要论历史悠久,沈阳的通天街历史更久。

"要",连词,表示假设,要是、如果的意思。多用于口语。例如:

1)昨天你要能来那多好呀。

2)要明儿个天好,我们去公园玩玩儿。

 练习

一、用所给词语完成句子

1. 据说他期末考试没有及格,真为他伤心。(据说)

(1)这座建筑看上去很普通,但_____。

(2)_____,你去旅行时一定要注意。

2. 上课时,他的电话突然响了。(突然)

(1)他平时很健康,_____。

(2)出发前_____,大家只能放弃爬山了。

3. 周末要是天气好,咱们一起去爬山吧。(咱们)

(1)_____,应该相互帮助。

(2)只有_____,他们都已经交作业了。

二、根据拼音写汉字

1. 这次假期,我去美国 tǐyàn(_____)了一下西方教育。

2. 在沈阳,许多 jiēdào(   )都有悠久的历史。

3. 一般情况下,每年我们都需要对汽车进行 wéihù(   )。

4. 按学校规定,学生不 yǔnxǔ(   )在教室吸烟。

5. Jùshuō(   )这条街道已经有 500 多年的历史了。

三、根据对话内容选择正确答案

1. 华山路两旁种的是(   )。

A. 柳树　　　　　　　　B. 杨树　　　　　　　　C. 桃树

2. "通天街"距今有(   )历史。

A. 七百多年　　　　　　B. 五百年　　　　　　　C. 不到七百年

3. 艳粉街以前是(   )。

A. 卖化妆品的地方　　　B. 种胭脂豆的地方　　　C. 读书的地方

四、回答问题

1. "通天街"的含义是什么?

2. 当年华山路的作用什么?

3. 你还知道哪些有关沈阳街道的故事?

 旅游文化扩展阅读

莲花街的传说

　　在沈阳万泉公园旁有一条小路叫莲花街。莲花街得名于万泉公园里的莲花池。每年春夏,池内就开满莲花(也称荷花),惹人喜爱。这条街道不仅因莲花池而得名,而且还有一个与努尔哈赤有关的传说。

　　传说中,努尔哈赤在沈阳时,为了解百姓的生活,经常独自一人走出皇宫。有一次,他穿上汉人的衣服,打扮成普通百姓的样子,来到沈阳东关的一条大街。大街两旁有许多商店和饭店,来来往往的人非常多,整条街道都十分热闹。努尔哈赤就坐在一家饭店边吃饭,边听周围人聊天。这时,从外面走进一位满头白发的老人,他身后还有一个小姑娘。他们穿着破烂的衣服,伸出手来向客人乞讨。正在吃饭的努尔哈赤赶忙将自己的饭菜拿给他们父女两人,并询问他们为什么生活得如此艰难?

老人哭着对努尔哈赤说,自己本来是个花匠,后来为了生活开始做起买卖,经营布匹。家里有两个女儿。大女儿已经结婚,小女儿还在身边帮忙。前不久,大女儿回家探望自己,可没想到当天夜里就被万泉园的总管扎士卜抓走了,家里的钱财也被抢空,现在他们靠乞讨生活。大女儿也不知道被这些坏人带去哪里了。

听了老人的讲述,努尔哈赤非常生气。正巧此时扎士卜骑马从这条街道经过。他的马跑得飞快,路人都吓得到路旁躲藏。努尔哈赤快步来到路中央,挡住了扎士卜的马。扎士卜开始还怒气冲冲(nùqì chōngchōng too angry),后来发现是老罕王努尔哈赤,他立即下马,跪在地上,请求老罕王的原谅。

老罕王让士兵把扎士卜送进衙门(yámen government office in feudal China)治罪,并让士兵们去寻找老人的大女儿。然而,不幸的是那个被抢走的大女儿早已跳到万泉河里自杀了。老人很伤心,他把多年积攒的莲花种子撒到万泉河里。从此,每年夏天万泉河里都会开满莲花。

根据短文内容回答问题

1. 莲花池在什么地方?
2. 努尔哈赤为什么自己一个人去东关?
3. 扎士卜犯了什么错?

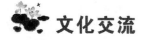 **文化交流**

街道反映出城市的文化特点。游览街道是了解一座城市风土人情的最好方式。在那些小街道里,你们可以看到百姓的生活,听到城市的故事。你的国家有什么历史悠久的街道,那里又有什么外国人不清楚的故事和历史呢?

参考词语与句式
途径　允许　命名　百姓　据说　体验

旅游文化小贴士

沈阳市内城区主要街道一览

市内行政区	主要街道	主要场所		
		历史文化类	特色商业类	公共服务类
大东区	长安街道、万泉街道、小东街道、东塔街道、新东街道、津桥街道、大北街道、东站街道、洮昌街道、北海街道、上园街道、二台子街道、文官街道、前进街道	南运河 北运河 八王寺 九一八历史博物馆 周恩来少年读书旧址 老龙口酒博物馆 北塔 万泉公园 沈阳市动物园	吉祥商业街 龙之梦购物中心	沈阳市骨科医院 辽宁省肿瘤医院 沈阳市胸科医院 沈阳大学 奉天高中 沈阳第五中学等
沈河区	新北站街道、皇城街道、大西街道、山东庙街道、风雨坛街道、滨河街道、万莲街道、大南街道、五里河街道、南塔街道等	故宫 张氏帅府 太清宫 慈恩寺 长安寺 南关天主教堂 青年公园 辽宁省博物馆	中街 满清一条街 五爱市场 南塔鞋城 大西电子市场 小北手机市场 沈河区皮革布料市场	沈阳市府广场 辽宁广播电视塔 沈阳北站 沈阳北站长途汽车站 沈阳市实验学校 沈阳二中 同泽中学等
和平区	南站街道、云集街道、胜利街道、西塔街道、新兴街道、南湖街道、马路湾街道、砂山街道、北道口街道、中华路街道、新华街道、北站街道、集贤街道、园路街道、北市街道、吴淞街道、八经街道、十四纬路街道等	太平寺 实胜寺 中共满洲省委旧址 东北解放纪念碑 南湖公园 中山公园 沈水湾公园	北市场 南市场 太原街 三好街 西塔朝鲜族文化特色商业街 鲁园古玩城	中山广场 中国医科大学第一附属医院 沈阳站 中国医科大学 东北大学 沈阳药科大学 沈阳音乐学院 鲁迅美术学院等

市内行政区	主要街道	主要场所		
		历史文化类	特色商业类	公共服务类
皇姑区	三台子街道、辽河街道、黄河街道、三洞桥街道、华山街道、寿泉街道、塔湾街道、明廉街道、新乐街道、舍利塔街道等	沈飞航空博览园 舍利塔 清昭陵 百鸟公园	北行 辽宁大厦 辽宁友谊宾馆	辽宁省中医院 沈阳市第四人民医院 辽宁省实验中学 中国刑事警察学院 辽宁大学 沈阳师范大学
铁西区	昆明湖街道、工人村街道、七路街道、启工街道、兴华街道、兴工街道、霁虹街道、凌空街道、重工街道、艳粉街道、保工街道、兴顺街道等	沈阳工人村生活馆 沈阳铸造博物馆 劳动公园 兴华公园	万达广场 宜家家居	铁西广场 沈阳第五人民区院 维康医院 沈阳工业大学 1905创意文化园

旅游口语小贴士

公共标志和说明(二)

Bù zhǔn zhāng tiē 不准张贴	No Bills
Jǐn fáng pá shǒu 谨防扒手	Beware of Pickpocket
Mǎ lù shī gōng qǐng rào xíng 马路施工,请绕行	Road Up. Detour
Xiào nèi jìn zhǐ qí chē 校内禁止骑车	No Cycling in the School
Wù luàn rēng zá wù 勿乱扔杂物	No Litter
Bǎo chí ān jìng 保持安静	Keep Silence
Shù bù chū shòu 恕不出售	Not for Sale
Qǐng wù yòng shǒu mō 请勿用手摸	Hands Off

Miè huǒ zhuān yòng 灭 火 专 用	For Use Only in Case of Fire
Duì hào rù zuò 对 号 入 座	Seat by Number
Lái bīn dēng jì 来宾 登 记	Visitors Please Register
Miǎn fèi rù chǎng 免 费 入 场	Admission Free
Jiǎn sù xíng shǐ 减 速 行 驶	Reduced Speed Now
Qǐng wù dào lì 请 勿 倒 立	Keep Top Side Up
Bǎo chí gān zào 保 持 干 燥	Keep Dry

语法术语缩略形式一览表
Abbreviations for Grammar Terms

Abbreviations	Grammar Terms in English	Grammar Terms in Chinese	Grammar Terms in Pinyin
A	Adjective	形容词	xíngróngcí
Abbr	Abbreviation	缩略语	suōlüèyǔ
Adv	Adverb	副词	fùcí
AsPt	Aspect Particle	动态助词	dòngtài zhùcí
Conj	Conjunction	连词	liáncí
IE	Idiom Expression	习惯用语	xíguàn yòngyǔ
Int	Interjection	叹词	tàncí
M	Measure Word	量词	liàngcí
MdPt	Modal Particle	语气助词	yǔqì zhùcí
N	Noun	名词	míngcí
NP	Noun Phrase	名词词组	míngcí cízǔ
Nu	Numeral	数词	shùcí
O	Object	宾语	bīnyǔ
Ono	Onomatopoeia	象声词	xiàngshēngcí
Op V	Optative Verb	能愿动词	Néngyuàn dòngcí
P	Predicate	谓语	wèiyǔ
PN	Proper Noun	专有名词	zhuānyǒu míngcí
Pr	Pronoun	代词	dài cí
Pref	Prefix	词头	cítóu
Prep	Preposition	介词	jiècí
Pt	Particle	助词	zhùcí
PW	Place Word	地点词	dìdiǎncí
QPr	Question Pronoun	疑问代词	yíwèn dàicí
QPt	Question Particle	疑问助词	yíwèn zhùcí
S	Subject	主语	zhǔyǔ
StPt	Structural Particle	结构助词	jiégòu zhùcí
Suf	Suffix	词尾	cíwěi
TW	Time Word	时间词	shíjiāncí
V	Verb	动词	dòngcí
VC	Verb plus Complement	动补式动词	dòngbǔshì dòngcí
VO	Verb plus Object	动宾式动词	dòngbīnshì dòngcí
VP	Verb Phrase	动词词组	dòngcí cízǔ

词　语

A			
爱人	àiren	N	husband or wife
安排	ānpái	N	arrangement
按	àn	V	to press
按摩	ànmó	N	massage
按照	ànzhào	Prep	according to
熬	áo	V	to cook in water
B			
拔罐	báguàn	N	cupping
白日梦	báirìmèng	N	daydream
百姓	bǎixìng	N	common people, people
拜佛	baì fó	VO	to worship the Buddha
搬	bān	V	to move, to take away
棒	bàng	A	strong, excellent, good
保护	bǎohù	V	to protect, to secure, to guard, to safeguard
保家卫国	bǎojiā wèiguó	IE	protect our homes and defend our country
保险	bǎoxiǎn	N	insurance
保佑	bǎoyòu	V	to bless
报答	bàodá	V	to repay
比喻	bǐyù	V	to metaphor
编写	biānxiě	V	to write, to compose
匾额	biǎn'é	N	horizontal inscribed board
变压器	biànyāqì	N	transformer
遍	biàn	M	a time in repetition
辫子	biànzi	N	plait
标志	biāozhì	N/V	symbol, to symbolize
标准	biāozhǔn	N/A	standard, criterion; standard
表演	biǎoyǎn	V	to perform
冰雕	bīngdiāo	N	ice sculpture

玻璃	bōli	N	glass
博大精深	bódà jīngshēn	IE	extensive and profound
博物馆	bówùguǎn	N	museum
不管	bùguǎn	Conj	no matter
不赖	búlài	A	good
部落	bùluò	N	tribe
C			
猜	cāi	V	to guess
采暖	cǎinuǎn	N	heating
采用	cǎiyòng	V	to adopt
参观	cānguān	V	to visit, to look around
曾经	céngjīng	Adv	have already
茶	chá	N	tea
拆除	chāichú	V	to demolish
长寿	chángshòu	N	longevity
长治久安	chángzhìjiǔān	IE	long period of peace and security
潮湿	cháoshī	A	moist
车床	chēchuáng	N	lathe, turning machine
陈列	chénliè	V	to display, to exhibit
衬衫	chènshān	N	shirt, undies
成为	chéngwéi	V	to become
乘坐	chéngzuò	V	to take
充当	chōngdāng	V	to act as
充满	chōngmǎn	V	to be filled with
愁眉苦脸	chóuméi kǔliǎn	IE	wear a sad face, a distressed expression
出自	chūzì	V	to originate from
除了	chúle	Prep	except, besides
触	chù	V	to touch
传统	chuántǒng	N	tradition
串	chuàn	M	string, bunch
创办	chuàngbàn	V	to establish, to set up
创建	chuàngjiàn	V	to set up, to found
瓷器	cíqì	N	chinaware, China, porcelain

从来	cónglái	Adv	always, at all times
错过	cuòguò	V	to miss
重新	chóngxīn	Adv	again
逐渐	zhújiàn	Adv	little by little
D			
打猎	dǎliè	V	go hunting
打算	dǎsuàn	V	to plan, to intend
大概	dàgài	Adv	probably
大型	dàxíng	A	large－scale
代表	dàibiǎo	V	to represent
担任	dānrèn	V	to assume the office of, to hold the post of
导演	dǎoyǎn	N/V	director, to direct
导致	dǎozhì	V	to cause, to lead to
倒霉	dǎoméi	V	to have bad luck
到处	dàochù	N	at all places, everywhere
道观	dàoguàn	N	Taoist temple
得意	déyì	A	proud
磴	dèng	N	stone steps
地热	dìrè	N	geothermal heating
典型	diǎnxíng	A	typical, representative
电视剧	diànshìjù	N	TV play
雕像	diāoxiàng	N	statue
定	dìng	V	to designated as
冬泳	dōngyǒng	N	winter swimming
动画片	dònghuàpiān	N	cartoon
动作	dòngzuò	N	movement, action
都市	dūshì	N	metropolis, city
读音	dúyīn	N	pronunciation
端庄	duānzhuāng	A	dignified, demure
锻炼	duànliàn	V	to take exercise, to have physical training
堆	duī	V	to pile up, to heap up
F			
发掘	fājué	V	to excavate
发生	fāshēng	V	to occur, to take place
发誓	fāshì	V	to swear
发型	fàxíng	N	hairstyle

发展	fāzhǎn	N	development
翻译	fānyì	V	to translate
繁华	fánhuá	A	flourishing
反映	fǎnyìng	V	to reflect
方便	fāngbiàn	A	convenient
方面	fāngmiàn	N	respect, aspect
方言	fāngyán	N	dialect
仿佛	fǎngfú	Adv	be alike, as if
仿古	fǎnggǔ	A	antique
肥大	féidà	A	loose, large
肥头大耳	féitóu dà'ěr	IE	a large head and big ears
废话	fèihuà	N/V	superfluous words, nonsense
丰富	fēngfù	A	rich, abundant
丰收	fēngshōu	V	to bumper harvest
风格	fēnggé	N	style, manner
风俗	fēngsú	N	social custom
蜂蜜	fēngmì	N	honey
佛像	fóxiàng	N	image of the Buddha
服装	fúzhuāng	N	garments, apparel, clothes
浮屠	fútú	N	pagoda
附近	fùjìn	N	nearby
复杂	fùzá	A	complicated
副作用	fùzuòyòng	N	side effect
G			
改善	gǎishàn	V	to improve, to modify
赶快	gǎnkuài	Adv	quickly
赶上	gǎn shàng	VC	to catch up with
感受	gǎnshòu	V	to be affected by
刚	gāng	Adv	just
阁	gé	N	a (usually two—story) pavilion, the cabinet
根本	gēnběn	Adv	completely, at all
根据	gēnjù	V/prep	according to
更	gèng	Adv	more, further
工业	gōngyè	N	industry

工艺	gōngyì	N	craft, process
宫殿	gōngdiàn	N	palace
宫廷	gōngtíng	N	palace
宫廷建筑	gōngtíng jiànzhù	IE	imperial architecture
供奉	gòngfèng	V	to enshrine, to consecrate
购物狂	gòuwùkuáng	N	shopaholic
够	gòu	Adv	quite; enough
古老	gǔlǎo	A	ancient
古文	gǔwén	N	ancient Chinese prose
鼓励	gǔlì	V	to encourage
怪不得	guàibùdé	Adv	no wonder, so that's why
关于	guānyú	Prep	about, with regard to
观察	guānchá	V	to observe, to watch
广告	guǎnggào	N	advertisement
过程	guòchéng	N	course, process
H			
含蓄	hánxù	A	contain, embody, implicit, veiled
含义	hányì	N	meaning, implication
好像	hǎoxiàng	Adv	seemingly
号脉	hàomài	V	to feel the pulse
和服	héfú	N	Kimono
忽悠	hūyou	V	to fool sb
胡同	hútòng	N	alleyway, lane, bystreet
花期	huāqī	N	Florescence, blooming date
滑雪	huáxuě	V	ski
环保	huánbǎo	Abbr	environmental protection
缓解	huǎnjiě	V	relief, relieve, remission, relax
皇帝	huángdì	N	an emperor, a monarch
汇聚	huìjù	V	to converge
活泼	huópō	A	lively, vivacious
火灾	huǒzāi	N	a fire (accident), a conflagration, a blaze
货币	huòbì	N	currency

J			
机器人	jīqìrén	N	robot
激励	jīlì	V	to encourage, to inspire
即使	jíshǐ	Conj	even if, even though
急性子	jíxìngzi	A/N	an impetuous person
集	jí	V	to assemble, to gather
系	jì	V	to tie, to fasten
纪念	jìniàn	V	to commemorate, to remember
既然	jìrán	Conj	since, as, now that
祭祀	jìsì	V	to offer sacrifices to gods or ancestors
甲骨	jiǎgǔ	N	oracle bone
价格不菲	jiàgé bùfěi	IE	expensive
价值连城	jiàzhí liánchéng	IE	be priced at fifteen cities — — very valuable, invaluable, priceless, worth a couple of towns together
坚持	jiānchí	V	persist in, insist on
简直	jiǎnzhí	Adv	simply
见识	jiànshí	V	to enrich one's experience
见效	jiànxiào	V	to become effective
建成	jiàn chéng	VC	to build up
建设	jiànshè	V	to build
建造	jiànzào	V	to build
建筑	jiànzhù	N	building
讲解	jiǎngjiě	V	to explain
讲究	jiǎngjiū	V	to pay attention to
交通	jiāotōng	N	traffic
街道	jiēdào	N	street, road, residential district
节能	jiénéng	Abbr	energy conservation
节奏	jiézòu	N	rhythm
结果	jiéguǒ	Conj	finally
解释	jiěshì	N/V	explaination; to explain, to expound
介绍	jièshào	V	to introduce
金箔	jīnbó	N	gold leaf
金融	jīnróng	N/A	finance; financial
近代	jìndài	N	modern times(1640—1917)

经常	jīngcháng	Adv	often, regularly, frequently
经验	jīngyàn	N	experience
精美	jīngměi	A	exquisite, elegant, fineness
精明	jīngmíng	A	smart, shrewd
竟然	jìngrán	Adv	actually, unexpectedly
举办	jǔbàn	V	to conduct
剧烈	jùliè	A	violent, acute
据说	jùshuō	V	it is said
距今	jù jīn	VO	before present
聚集	jùjí	N/V	aggregation, to gather, to aggregate
卷	juǎn	A	curly
绝无仅有	juéwújǐnyǒu	IE	unique
军官	jūnguān	N	officer, military officer
K			
开衩	kāi chà	VO	to slits extending above mid-thing
开创者	kāichuàngzhě	N	pathfinder, pioneer
开眼	kāiyǎn	V	to widen one's view
砍价	kǎn jià	VO	to bargain
恐高症	kǒnggāozhèng	N	acrophobia
恐怕	kǒngpà	Adv	afraid that…
宽松	kuānsōng	A	loose and comfortable
砢碜	kēchen	A	disgraceful；ugly
L			
蜡像	làxiàng	N	waxen image, wax statue
来源	láiyuán	V	to come from
劳动	láodòng	V	to work
老字号	lǎozìhào	N	time-honored brand
唠嗑	làokē	V	to chat, to engage in chitchat
了解	liǎojiě	V	to understand, to comprehend
类	lèi	N/M	kind, class, category
类似	lèisì	A	likeness, propinquity, analogy, similar
类型	lèixíng	N	type, mold, genre, style
礼拜	lǐbài	N	religious service

理论	lǐlùn	N	theory
历程	lìchéng	N	course, process
连接	liánjiē	V	to connect, to link
连累	liánlèi	V	to implicate
亮点	liàngdiǎn	N	highlights; bright spot
量身定做	liàngshēn dìngzuò	IE	tailor-made
临床	línchuáng	A	clinical
陵墓	língmù	N	Mausoleum, tomb
零售	língshòu	V	to retail
柳树	liǔshù	N	willow, osier, withy
龙	lóng	N	dragon
露一手	lòu yīshǒu	VC	to make an exhibition of one's abilities or skills, show off
旅途	lǚtú	N	journey, trip
M			
麻烦	máfan	A	troublesome; inconvenient
埋	mái	V	to cover, to bury
埋汰	máitai	A	dirty
卖呆	màidāi	V	to watch the fun
满语	mǎnyǔ	N	Manchu
满族	mǎnzú	N	Manchu
漫长	màncháng	A	very long
玫瑰	méiguī	N	rose
魅力	mèilì	N	glamour, charm
免疫力	miǎnyìlì	N	immunity
面积	miànjī	N	the measure of area, square measure
名牌	míngpái	N	famous brand
名片	míngpiàn	N	visiting card, calling card
明信片	míngxìnpiàn	N	postcard
明星	míngxīng	N	star
命名	mìngmíng	V	to nominate, to name
模样	múyàng	N	appearance, look, approximately
磨	mó	V	to rub, to grind

磨蹭	móceng	V	to dawdle; to move slowly
磨磨唧唧	mòmo jīji	IE	nonsense; lightly rub
N			
耐心	nàixīn	A	patiently
男耕女织	nángēngnǚzhī	IE	men till the land and women weave cloth
难倒	nán dǎo	VC	to daunt, to stump
难度	nándù	N	difficulty
难怪	nánguài	Adv	no wonder
难题	nántí	N	difficult problem, a hard nut to crack
年代	niándài	N	a decade of a century
柠檬	níngméng	N	lemon
扭秧歌	niǔ yāngge	VO	to do the yangge dance
浓厚	nónghòu	A	strong, dense, thick
P			
拍	pāi	V	to shoot
拍戏	pāi xì	VO	to Make movies
培养	péiyǎng	V	to train
批发	pīfā	V	to wholesale
疲劳	píláo	A	tired, fatigued, weary, become fagged
品牌	pǐnpái	N	name brand
品种	pǐnzhǒng	N	breed
Q			
期待	qīdài	V	to expect, look forward to
欺骗	qīpiàn	V	to cheat, to deceive
奇怪	qíguài	A	strange
奇思妙想	qísī miàoxiǎng	IE	unusual but wonderful thinking
祈求	qíqiú	V	to impetrate
旗袍	qípáo	N	cheongsam, chi—pao
岂曰无衣，与子同泽	qǐ yuē wú yī yǔ zǐ tóng zé	IE	a phrase in the poem
起源	qǐyuán	V	to originate
器官	qìguān	N	organ, apparatus
迁	qiān	V	to move

谦谦君子，温润如玉	qiānqiān jūnzǐ wēnrùn rú yù	IE	A prudent gentleman of a disposition as graceful as the lustre of jade
谦虚	qiānxū	A	modest；self—effacing
钱币	qiánbì	N	coin
呛	qiàng	V	to irritate(respiratory organs)
敲锣打鼓	qiāoluó dǎgǔ	IE	to beat drums and gongs
巧	qiǎo	A	coincidentally
切	qiē	V	to feel the pulse
亲自	qīnzì	Adv	personally, in person
请教	qǐngjiào	V	to consult, to ask for advice
求之不得	qiúzhībùdé	IE	all that one could wish for
取材	qǔcái	V	to draw materials
全力以赴	quánlìyǐfù	IE	devote every effort to
R			
热闹	rènao	A	lively，bustling with noise and excitement
如同	rútóng	V	to like
S			
商场	shāngchǎng	N	shopping mall
商品	shāngpǐn	N	goods，commodity
少数民族	shǎoshùmínzú	N	national minority, minority
深刻	shēnkè	A	deep，profound
神秘	shénmì	A	mystical, mysterious
神奇	shénqí	A	magical, mystical, miraculous
生儿育女	shēng'ér yùnǔ	IE	bear children, give birth to and raise children
省	shěng	V	to save
时期	shíqī	N	period
时尚	shíshàng	N/A	vogue，fashion
实在	shízài	Adv	really
世纪	shìjì	N	century
市井	shìjǐng	N	street
收藏	shōucáng	V	to collect, to store up
手工	shǒugōng	N	handmade，handwork
手腕	shǒuwàn	N	wrist
受	shòu	V	to receive，to be subjected to

枢纽	shūniǔ	N	hub, pivot
树挂	shùguà	N	rime, hanging tree
摔跤	shuāijiāo	N	wrestling
水平	shuǐpíng	N	level
顺便	shùnbiàn	Adv	conveniently, in passing
说法	shuōfǎ	N	wording
四合院	sìhéyuàn	N	Chinese courtyard
寺庙	sìmiào	N	temple
叟	sǒu	N	old man
素质	sùzhì	N	quality, diathesis
算	suàn	V	to consider, to regard as
损坏	sǔnhuài	V	to damage
T			
塔	tǎ	N	pagoda
堂而皇之	táng'érhuángzhī	IE	in an imposing manner
糖	táng	N	sugar
陶	táo	N	pottery
特别	tèbié	Adv	especially, particularly
特色	tèsè	N	characteristic, feature
提高	tígāo	V	raise, heighten, enhance
体验	tǐyàn	N/V	to experience, to learn through practice
天堂	tiāntáng	N	paradise, heaven
天子	tiānzǐ	N	the Son of Heaven, the emperor
挑选	tiāoxuǎn	V	to pick, to select
调	tiáo	V	to adjust
听说	tīngshuō	V	to be told
听诊器	tīngzhěnqì	N	stethoscope
通过	tōngguò	Prep	though
偷偷	tōutōu	Adv	secretly
投入	tóurù	V	to put into, to throw into
透气	tòuqì	V	to ventilate
途径	tújìng	N	road, avenue, way, channel
推崇	tuīchóng	V	to recommend, to advocate
推广	tuīguǎng	V	to popularize

推荐	tuījiàn	V	to recommend
退役	tuìyì	V	to retire or be released from military service
拖拖拉拉	tuōtuo lālā	IE	procrastination
W			
完好	wánhǎo	A	intact, whole, in good condition
完整	wánzhěng	A	complete
望	wàng	V	to look
维护	wéhù	V	to maintain, to defense, to stick up for
胃	wèi	N	stomach
文物	wénwù	N	cultural relic
文章	wénzhāng	N	essay, article, literary works
闻	wén	V	to smell
问	wèn	V	to ask
污染	wūrǎn	N/V	to pollute；pollution
五颜六色	wǔyán liùsè	IE	multicolored, colorful
武术	wǔshù	N	martial arts
舞蹈	wǔdǎo	N	dance
物有所值	wùyǒusuǒzhí	IE	well worth
X			
西服	xīfú	N	western—style clothes
西医	xīyī	N	Western medicine
喜剧	xǐjù	N	comedy
戏班子	xìbānzi	N	theatrical troupe
鲜明	xiānmíng	A	bright,clear—cut
馅儿	xiànr	N	stuffing
相反	xiāngfǎn	A	opposite
相似	xiāngsì	A	to be similar, to resemble, to be alike
项目	xiàngmù	N	item
象征	xiàngzhēng	V	to symbolize, to signify
小吃	xiǎochī	N	snack
小贩	xiǎofàn	N	peddler, vendor
小看	xiǎokàn	V	to look down upon
小瞧	xiǎoqiáo	V	to disdain
效益	xiàoyì	N	beneficial result, effectiveness

心酸	xīnsuān	A	be grieved, feel sad
辛苦	xīnkǔ	A	hard, laborious, toilsome
信仰	xìnyǎng	N	faith, belief
形式	xíngshì	N	form
形状	xíngzhuàng	N	a shape, form, an appearance; a configuration
兴起	xīngqǐ	V	to rise
兴旺发达	xīngwàng fādá	IE	thrive, flourish, flourish and grow
幸亏	xìngkuī	Adv	fortunately, luckily
修养	xiūyǎng	N	accomplishment, self—cultivation
栩栩如生	xǔxǔ rúshēng	IE	as natural as though it were living
雪雕	xuědiāo	N	snow sculpture
Y			
压缩机	yāsuōjī	N	compressor
延长	yáncháng	V	to lengthen, to extend
沿袭	yánxí	V	to follow, to carry on as before
眼光	yǎnguāng	N	eye, sight
眼力	yǎnlì	N	eyesight, judgment
演员	yǎnyuán	N	actor
业余	yèyú	A	amateur
一般	yìbān	A	In general
依赖	yīlài	V	to rely on, to depend on
疑问	yíwèn	N	query, question, problem, doubt
以前	yǐqián	N	before
阴历	yīnlì	N	lunar calendar
隐藏	yǐncáng	V	to hide, to conceal
印象	yìnxiàng	N	impression
营业	yíngyè	V	to open, to do business
影响	yǐngxiǎng	V	to influence, to affect
幽默	yōumò	A	humor, humour
悠久	yōujiǔ	A	long, long—standing, age—old
尤其	yóuqí	Adv	especially, particularly
游客	yóukè	N	tourist
游览	yóulǎn	V	to go sight—seeing, to tour
游乐场	yóulèchǎng	N	playground

游牧	yóumù	V	to nomadic
于	yú	Prep	In, on, at (indicating time or place)
娱乐	yúlè	N	amusement
玉器	yùqì	N	jade article, jade object, jade ware
遇到	yù dào	VC	to encounter
御膳	yùshàn	N	imperial cuisine
员	yuán	N/Suf	member; a person engaged in some field of activity
原来	yuánlái	Adv	turn out to be
圆润	yuánrùn	A	smooth and moisten
远古	yuǎngǔ	N	ancient times
允许	yǔnxǔ	V	to permit, to allow
蕴含	yùnhán	V	to contain
Z			
仔细	zǐxì	A	careful, attentive, be careful
再现	zàixiàn	V	to reappear, to be reproduced
咱们	zánmen	Pr	we
贼	zéi	Adv	extraordinarily, unusually, extremely
扎	zhā	V	to bind, to tie
展翅	zhǎn chì	VO	to open out the wings
展览	zhǎnlǎn	N	exhibition
展品	zhǎnpǐn	N	exhibit
展示	zhǎnshì	V	to display
战斗	zhàndòu	N/V	fight, battle, militant; to fight
战胜	zhànshèng	V	to defeat, overcome
长衫	chángshān	N	long gown
帐篷	zhàngpeng	N	a tent, a camp, a canvas
招收	zhāoshōu	V	to recruit, to take in
哲学	zhéxué	N	philosophy
针灸	zhēnjiǔ	N	acupuncture and moxibustion
珍贵	zhēnguì	A	valuable, precious
真正	zhēnzhèng	A	TRUE
诊断	zhěnduàn	N	diagnosis
振兴	zhènxīng	V	to develop vigorously
蒸	zhēng	V	to steamed

整体	zhěngtǐ	N	whole, entirety
正好	zhènghǎo	Adv	just in time, just right
正式	zhèngshì	A	formal, official
正宗	zhèngzōng	A	authentic
直接	zhíjiē	A	direct, straight
制作	zhìzuò	N	making, manufacture
质量	zhìliàng	N	quality
治疗	zhìliáo	N	therapy, treatment
中西合璧	zhōngxīhébì	IE	Chinese and Western (styles) combined
中药	zhōngyào	N	traditional Chinese medicine
中医	zhōngyī	N	traditional Chinese medicine science
终于	zhōngyú	Adv	finally, eventually
种类	zhǒnglèi	N	kind
种植	zhòngzhí	V	to farm
住宿费	zhùsùfèi	N	hotel expense
著名	zhùmíng	A	famous; well-known
专门	zhuānmén	Adv	specially
准备	zhǔnbèi	V	to prepare, to get ready
自由	zìyóu	A	free
综合	zōnghé	A	comprehensive, synthetical
祖先	zǔxiān	N	ancestors, ancestry, forefathers
座	zuò	M	for massive or fixed objects
做工	zuògōng	N	workmanship

专有名词

A			
奥体中心	àotǐ Zhōngxīn	The Olympic Sports Center	1
B			
北欧	Běi Ōu	Northern Europe	8
贝币	bèibì	Shell Money	9
北京天桥	Běijīng Tiānqiáo	Beijing overline Bridge	15
北陵大街	Beiling Dàjiē	The Beiling Street	20

D			
大政殿	Dàzhèng Diàn	Dazheng Hall	5
道教	Dàojiào	Taoism	6
东北讲武堂	Dōngběi Jiǎngwǔtáng	The Northeast Officers Leadership School	19
东北话	Dōngběihuà	Northeast Dialect	11
东洋	Dōngyáng	Japan	8
东正教	Dōngzhèngjiào	Orthodox Church	6
E			
俄罗斯	Éluósī	Russia	14
F			
法轮寺	Fǎlún Sì	Falun Temple	7
方若旺	Fāng Ruòwàng	a well-known missionary	6
佛教	Fójiào	Buddhism	6
福陵	Fúlíng	Fuling Mausoleum	1
H			
"和谐号"动车	Héxiéhào Dòngchē	CRH Motor Train	16
华山路	Huàshān Lù	Huashan Road	20
黄河大街	Huánghé Dàjiē	The Huanghe Street	20
皇太极	Huángtàijí	an emperor of the Qing Dynasty	1
花样年华	Huāyàng niánhuá	In the Mood for Love is a 2000 Hong Kong film directed by Wong Kar-wai	3
G			
哥特式建筑	Gētèshì Jiànzhù	Gothic architecture	6
工人村	Gōngrén Cūn	Workers Village	16
关东影视城	Guāndōng Yǐngshìchéng	Kanto Movie and Television City	15
锅包肉	Guōbāoròu	Guo Bao Rou	13
J			
基督教	Jīdūjiào	Christianity	6
K			
康熙	Kāngxī	an emperor of Qing Dynasty	7
孔方兄	Kǒng Fāngxiōng	money	9
L			
老边饺子	Lǎobiān Jiǎozi	Laobian Dumplings	13
李连贵熏肉大饼	Lǐliánguì Xūnròu Dàbǐng	Li Liangui Bacon Pie	13

鲁尔	Lǔ'ěr	Ruhr is one of the biggest and oldest industry areas in Europe，and is also one of the densest areas in Germany.	16
罗马	Luómǎ	Roman	8
M			
马家烧麦	Mǎjiā Shāomài	Ma's homemade Steamed Pork Dumplings	13
满汉全席	Mǎnhàn Quánxí	Man—han banquet	13
满语	Mǎnyǔ	Manchu	11
满族	Mǎnzú	The Man Ethnic Group	1
明朝	Míngcháo	Ming Dynasty	20
民国	Mínguó	Republic of China	8
母系社会	Mǔxì Shèhuì	Matrilineal Society	4
N			
南关天主教堂	Nánguān Tiānzhǔ Jiàotáng	Nanguan Catholic Church	6
努尔哈赤	Nǔ'ěrhāchì	an emperor of the Qing Dynasty	1
O			
欧洲文艺复兴	Óuzhōu Wényì Fùxīng	The European Renaissance	6
Q			
乾隆	Qián Lóng	an emperor of the Qing Dynasty	13
清朝	Qīngcháo	Qing Dynasty	1
青年大街	Qīngnián Dàjiē	The Qingnian Street	20
棋盘山	Qípán Shān	Chessboard Hill	10
青铜	qǐtóng	Bronze	9
七夕	Qīxī	Chinese Valentine's Day	17
S			
上海城隍庙	Shànghǎi Chénghuángmiào	Shanghai Old City Temple	15
盛京皇宫	Shèngjīng Huánggōng	Shengjing Palace	5
沈阳北市场	Shěnyáng Běishìchǎng	Shenyang North Market	15
沈阳北站	Shěnyáng Běizhàn	Shenyang North Railway Station	12
沈阳飞机工业有限公司	Shěnyáng Fēijī Gōngyè Yǔuxiàngōngsī	Shenyang Aircraft Company	16
沈阳故宫	Shěnyáng Gùgōng	Shenyang Palace Museum	1
沈阳国际冰雪节	Shěnyáng Guójì Bīngxuě Jié	The Shenyang International Ice and Snow Festival	10

沈阳南站	Shěnyáng Nánzhàn	Shenyang South Railway Station	12
沈阳世博园	Shěnyáng Shìbóyuán	Shenyang International Horticultural Expo Garden	17
沈阳站	Shěnyáng Zhàn	Shenyang Railway Station	12
沈阳铸造厂	Shěnyáng Zhùzàochǎng	Shenyang Foundry	16
《诗经》	Shī jīng	The Book of Songs	19
石器时代	Shíqì Shídài	The Stone Age	4
四库全书	Sìkùquánshū	Encyclopedia	5
酸菜粉	Suāncàifěn	Suan Cai Fen	13
苏格兰	Sūgélán	Scotland	15
T			
太原街	Tàiyuán Jiē	Taiyuan Street	14
淘宝网	Táobǎo Wǎng	Tao Bao (a shopping　website)	14
天主教	Tiānzhǔjiào	Catholicism	6
铁西区	Tiěxī Qū	Tiexi District in Shenyang	16
通天街	Tōngtian Jiē	Tongtian Street	20
同泽中学	Tóngzé Zhōngxué	Tongze Middle School	19
W			
文溯阁	Wénsù Gé	Book Source Pavilion	5
五爱市场	Wǔài Shìchǎng	Wuai Market	6
五里河公园	Wǔlǐhé Gōngyuán	Wulihe Park	1
五行	wǔxíng	Five Phases	5
X			
新乐遗址	Xīnlè Yízhǐ	Xinle Site	4
Y			
艳粉街	Yànfěn Jiē	Yanfen Street	20
延寿寺	Yánshòu Sì	Yanshou Temple	7
胭脂豆	yānzhīdòu	Ruge Beans	20
永光寺	Yǒngguāng Sì	Yongguang Temple	7
元朝	Yuáncháo	Yuan Dynasty	20
原始社会	Yuánshǐ Shèhuì	Primitive Society	4
御路	yùlù	Imperial Path	20
Z			
张学良	Zhāng Xuéliáng	Zhang Xueliang, a well－know Chinese general of the 1930's	8

续表

张作霖	Zhāng Zuòlín	Zhang Zuolin, a famous warlord in Northeast China	8
张氏帅府	Zhāngshì Shuàifǔ	Marshal Zhang's Mansion	8
昭陵	Zhāolíng	Zhaoling Mausoleum	1
蒸汽机车博物馆	Zhēngqì Jīchē Bówùguǎn	The Steam locomotive Museum	16
中街	Zhōng Jiē	Middle Street	14
中和福茶庄	Zhōnghéfú Cházhuāng	Zhonghefu TeaHouse	14
中山广场	Zhōngshān Guǎngchǎng	Zhongshan Square	1
铸造博物馆	Zhùzào Bówùguǎn	The Foundry Museum	9